深度学习教学改进丛书

教育部基础教育课程教材发展中心 课程教材研究所 组织编写

田慧生 主编
刘月霞 副主编

李春密 主编

马朝华 副主编

深度学习：走向核心素养

（学科教学指南·初中物理）

教育科学出版社
·北京·

本项目研究由北京王府公益基金会提供部分资金支持

丛书编委会

主　任：田慧生

副主任：刘月霞　张国华　莫景祺　陈云龙

委　员（按姓氏笔画排序）：

马云鹏　王　健　王云峰　支　瑶　刘　莹
刘卫红　刘晓玫　齐渝华　闫寒冰　李　广
李春密　吴正宪　何成刚　张　晓　张铁道
罗　滨　郑　葳　胡久华　郭　华

本册编写人员

主　　编：李春密

副 主 编：马朝华

参编人员：任晓燕　杨雪娇　李　春　王亚宁　李劲磊
　　　　　王秀娟　赵志永　任国清　黄　玮

丛书序

　　党的十八大明确提出"把立德树人作为教育的根本任务"。2014 年 3 月,《教育部关于全面深化课程改革 落实立德树人根本任务的意见》强调把课程改革作为落实立德树人根本任务的一个重要抓手和突破口,并首次提出要研究制订学生发展核心素养体系,把核心素养落实到各学科教学中。党的十九大进一步强调"落实立德树人根本任务,发展素质教育"。2017 年 12 月,教育部印发了新修订的普通高中课程方案和各学科课程标准,把党的教育方针中关于学生德智体美全面发展的总体要求具体化、细化为学生发展核心素养;各学科结合学生发展核心素养的要求和学科特点,进一步凝练出学科核心素养,并把学科核心素养作为确定课程目标、遴选教学内容、设计教学活动的主要依据。

　　为全面深化课程改革,落实立德树人根本任务,从 2014 年 9 月起,教育部基础教育课程教材发展中心(简称"中心")组织专家团队,在借鉴国外相关研究成果和总结我国课程教学改革经验的基础上,着手研究开发深度学习教学改进项目,将其作为深化基础教育课程改革的重要抓手和落实学生发展核心素养及各学科课程标准的实践途径。我们希望通过深度学习教学改进项目的实施,推动课堂教学关系的深度调整和人才培养模式的重大变革,引领教学理念、教学方式、评价体系、教学组织管理制度等全方位的变革。

　　该项目旨在通过改进教育教学，指导学生进行深度学习。同时，我们将项目研究定位为行动研究。参与项目研究的全体人员既是研究者，又是实践者，大家针对课程教学改革中的重点和难点问题，边研究、边实验、边解决问题。项目在实施过程中，始终坚持理论与实践相结合。一是坚持研究先行，成立了由高校专家、教研员、校长和骨干教师组成的项目研究组，对深度学习的基本理论和实践模型进行研究，提出了基本理论框架；同时，依据基本理论框架，构建实践模型，指导教师围绕教学设计和教学实践开展研究与实验工作，鼓励教师整理积累教学设计案例，进一步验证和丰富深度学习的基本理论。二是坚持实验为重，设立了实验区和实验校，先行在北京、重庆、广东、四川、江苏、山东、浙江、河南等地的15个实验区的90多所实验学校开展实验，上千名教研人员、实验学校校长及骨干教师参与了研究和实验。北京市海淀区作为项目实验示范区，先行先试，为其他实验区提供经验、案例和培训人员，通过示范引领，实现项目的有效推进。4年来，各实验区教师创造和积累了数百个教学实践案例。三是坚持集中研修与个别指导相结合。定期召开项目研修班、实施交流会，搭建网络交流平台和开展网络研修活动；组织项目组专家赴实验区进行指导，推动项目研究与实验持续发展。4年来，先后组织专家200余人次赴实验区进行实地指导。专家们参与集体研修和交流，开展网络在线研修，实地指导实验人员达 6000 余人次，大大提高了教师的教育教学能力和水平，有力地推动了实验区教研质量的提升和教学改革的开展，受到了区域、学校和教师的广泛好评。有一位参加实验的教师在培训心得中这样写道："自区域开展深度学习教学改进项目以来，我一直都是参与者和实践者。在参与的过程中，我的教育思想和教育行为都发生了比较大的变化。例如，每次我在设计教学的时候，都会首先考虑我的学生能从课堂中学会什么，以及如何设计活动让他们把在课堂中学到的东西用于生活实际……"

经过 4 年的研究与实验，项目取得了阶段性成果。一些成果陆续在《中国教育报》《课程·教材·教法》《基础教育课程》等报刊上发表，引起了教育界的广泛关注。为了进一步总结各地的实验经验和研究成果，为广大教研员和教师提供落实学生发展核心素养的脚手架，中心决定在总结项目研究成果的基础上，出版"深度学习教学改进丛书"，包括理论普及读本、学科教学指南和教学案例选。理论普及读本意在通过项目组专家对项目基本理论和实施策略的解读，帮助广大教研员和教师理解项目的基本理念和实施策略；学科教学指南包括初中语文、数学、英语、物理、化学、生物、历史，小学语文、数学、英语 10 个学科，意在为广大教研员和教师提供相关学科实施深度学习的基本思路和操作指南；教学案例选遴选了在项目研究与实践中形成的优秀典型案例，意在为教师开展深度学习教学改进项目实践提供参考。我们期望这部丛书对教师在教学中如何落实学科核心素养起到借鉴和参考作用。

尽管深度学习教学改进项目取得了阶段性成果，但是这些成果还只是初步的，无论是在理论层面还是在实践操作层面都还很不完善，需要不断得到丰富和发展。下一阶段的项目研究与实验要重点做好以下几个方面的工作。

一是进一步深化研究。在理论认识上要进一步明确深度学习的基本概念、基本特征、意义和价值；在实践操作上要进一步细化，让教师容易理解、掌握深度学习的基本理论框架和操作要求，并且能够在课堂中真正落地实施。同时，要坚持问题导向。在研究与实验中要不断发现问题，聚焦问题，找准深化研究的着力点，在着力点上发力、下功夫。

二是进一步加强沟通和指导。深度学习教学改进项目的实施需要项目专家团队、教育行政部门、教研部门、学校、教师团队等各个方面的通力合作。只有各个方面形成项目实施共同体，项目实施才能真正取得实效。为此，我们要加强沟通和指导，形成各方联动的推进机制。同时，要充分利用信息技术和互联网，建立项目实施的信息交流平台。

三是加强实验教师的研修。深度学习教学改进项目实施的关键在教师。深度学习的基本理念和实践操作要真正被教师所理解和掌握，需要一个过程。因此，需要进一步完善项目研修内容、研修形式和研修机制。

四是进一步加强区域和学校统筹。要使深度学习教学改进项目真正取得实效，一定要将其纳入区域和学校的工作规划，使之成为区域和学校深化基础教育课程改革、落实学生发展核心素养的重点工作，并提供必要的保障条件，形成区域统筹以及区域、学校、教师职责明确和上下联动的机制。

这部丛书还只是深度学习教学改进项目研究与实验成果的阶段性总结，我们希望随着项目研究与实验的不断深入，丛书能够得到进一步充实、修订和完善。也希望广大教育工作者，特别是广大教研员和教师提出宝贵意见和建议。下一阶段，我们将继续深化义务教育阶段项目研究与实验，并适时启动普通高中阶段深度学习的研究与实验工作。

田慧生

教育部基础教育课程教材发展中心主任

课程教材研究所所长

2018 年 11 月

目　录

前　言

　　为深入贯彻和落实《国家中长期教育改革和发展规划纲要（2010—2020年）》《教育部关于全面深化课程改革 落实立德树人根本任务的意见》和《中共中央 国务院关于深化教育教学改革全面提高义务教育质量的意见》，以习近平新时代中国特色社会主义思想为指导，全面贯彻党的教育方针，落实立德树人根本任务，指导学校和物理教师进一步强化课堂主阵地作用，切实提高课堂教学质量，实现物理教学的育人功能，改变学生的学习方式，促进学生物理学科核心素养的发展，探索学生进行深度学习的措施，我们编写了《深度学习：走向核心素养（学科教学指南·初中物理）》（以下简称《指南》）。

　　《指南》界定了初中物理深度学习的内涵，给出了进行初中物理深度学习教学设计和实施的指导策略以及相应的教学案例，帮助教师基于《义务教育物理课程标准（2011年版）》开展初中物理深度学习的教学实践，优化教学方式，促进学生学习方式的改变。本书以发展学生核心素养为目标，从物理观念、科学思维、科学探究、科学态度与责任等方面深入挖掘和提炼物理学科的育人价值，通过教学方式的改变、教学评价理念的更新，实现学科育人。

　　《指南》包括六个部分：（1）前言，简单介绍研究背景和本书功能。（2）初中物理深度学习的内涵和意义，主要探讨了初中物理深度学习的概念以及开展初中物理深度学习的意义。（3）初中物理深度学习的教学设计，探讨了初中物理深度学习教学的流程及主要环节，构建了基于深度学习的教学路径，结合案例从选择初中物理单元学习主题、确定初中物理深度学习目标、设计初中物理深度学习活动和开展持续性评价四个方面讨论了怎样进行初中物理深度学习的教学设计。（4）初中物理深度学习的实施策略，从教师、教研等方面探讨了初中物理深度学习的实施策略。（5）初中物理深度学习的教学案例，给出了三个典型教学案例。（6）附录，主要包括常见名词解释、必备工具、学习资源推荐和初中物理单元学习主题思维导图等。

在使用《指南》时，教师可根据自身需求和实际情况选择不同的阅读路径，建议的阅读路径如下。

路径 1：若对深度学习已有一定的认识和了解，希望进一步开展初中物理深度学习教学实践探索，可按照《指南》现有的内容呈现顺序进行阅读。

路径 2：若希望先对物理学科深度学习教学有一个感性认识，在此基础上了解深度学习的理论基础及实践策略，建议先阅读第四章"初中物理深度学习的教学案例"，再依次阅读第一章至第三章的内容。

路径 3：若已经具有一定的深度学习实践经验，希望就具体问题加深理论认识、丰富实践策略，可将第二章"初中物理深度学习的教学设计"中的具体内容（如"设计初中物理深度学习活动"）与第四章"初中物理深度学习的教学案例"相应部分（如三个案例中的"单元学习活动"）进行整合阅读。

第一章

初中物理深度学习的内涵和意义

第一节　什么是初中物理深度学习

什么是深度学习？教育部基础教育课程教材发展中心负责的深度学习总项目组将其界定为："在教师引领下，学生围绕着具有挑战性的学习主题，全身心积极参与、体验成功、获得发展的有意义的学习过程。在这个过程中，学生掌握学科的核心知识，理解学习的过程，把握学科的本质及思想方法，形成积极的内在学习动机、高级的社会性情感、积极的态度、正确的价值观，成为既具独立性、批判性、创造性又有合作精神，基础扎实的优秀的学习者，成为未来社会历史实践的主人。"[①] 该定义明晰了深度学习的性质，强调通过教师引导学生参与"挑战性主题"的核心活动，确保学生思维的深度，通过"全身心积极参与、体验成功"界定学习过程中以学生为主体，注重学生参与的思维深度和情感深度。此外，该界定对深度学习的目的与任务做出了规定，强调掌握学科核心知识，理解学习过程，把握学科本质，形成正确的价值观，通过多方面的"获得发展"实现学生深度学习的目的，即立德树人。

一、初中物理深度学习的内涵

基于总项目组对深度学习的定义，我们将初中物理深度学习界定为："在教师引领下，学生围绕着具有挑战性的物理学习主题，全身心参与以生活实际情境和物理实验为主的多种探究活动及情境互动，从形成物理观念的视角，运用模型建构与推理论证等科学思维方式，解决真实问题，体验成功，获得物理学科核心知识，理解物理学习的过

① 刘月霞，郭华 . 深度学习：走向核心素养（理论普及读本）［M］. 北京：教育科学出版社，2018：32.

程，把握物理学科的本质及思想方法，形成积极的内在学习动机、高级的社会性情感、积极的态度、正确的价值观，在物理学科核心素养方面获得全面发展，成为具有创新精神和实践能力、基础扎实的优秀的学习者。"

初中物理深度学习，在学习目标上强调学生在物理学科核心素养方面获得全面发展，即通过学生学习方式的改变，基于单元主题，通过科学探究及情境互动，积极参与挑战性任务，获得核心物理知识和观念的形成，科学思维的领悟、自主迁移与运用，形成积极的科学态度和正确的价值观。

二、诊断初中物理深度学习教学案例的依据

根据深度学习的五个特征：联想与结构（经验与知识的相互转化）、活动与体验（学生的学习机制）、本质与变式（对学习对象进行深度加工）、迁移与应用（在教学活动中模拟社会实践）、价值与评价（"人"的成长的隐性因素），判断某个初中物理教学案例是否符合深度学习的理念，可以从学习内容、学习活动、学习过程、学习结果四个方面进行分析（见表 1-1）。

表 1-1　判断初中物理教学案例是否符合深度学习的主要依据

学习内容	· 是否属于初中物理核心知识，实现了知识的结构化和功能化。 · 是否属于大概念、核心概念，促进学生物理观念的形成。 · 是否承载并落实了物理学科的思想方法。 · 是否深入挖掘了初中物理知识中蕴含的育人价值。
学习活动	· 是否设置了具有情境的挑战性任务。 · 学生是否高度参与、深度思维、情感内化。 · 学生是否受到了启发，在问题或任务的驱动下进行了互动式、探究式学习。 · 学生是否以问题为导向进行了科学探究活动。

学习过程	・是否通过情境设置调动、激活学生以往的知识经验，促进提出有探究价值的初中物理问题。 ・学生是否以融会贯通的方式对学习内容进行组织，建构出自己的知识结构。 ・学生是否经历"问题""探究""发现""应用""迁移""创新"的知识形成过程和应用创新过程。 ・学生是否积极开展合作、沟通、交流。
学习结果	・学生是否形成了积极的学习动机和情感。 ・学生是否形成了物理观念，并能将所学内容迁移到新情境中，注重真实问题的解决。 ・学生是否能自主应用科学思维方法解决复杂实际问题。 ・学生是否能自主说出物理学科核心素养方面的收获。

　　通过对初中物理深度学习的理解，不难发现，开展初中物理深度学习的教学实践，需要实现教学取向的变迁：真正落实新教育理念，以学生为主体，学生能够主动学习，通过动手、动脑，合作与交流，从单纯的知识获得转变为核心素养的发展；从碎片化的知识学习转变为核心知识结构化的学习；从具体初中物理知识的学习转变为物理观念、科学思维、科学探究、科学态度与责任的发展；从注重知识结论的学习转变为彰显知识功能价值的学习；从抽象的知识的学习转变为解决综合实际问题的学习。

　　要想实现初中物理教学取向的变迁，教师首先需要深度学习。新的课程改革从教育理念、教学方式、评价方式等多方面对教师提出了新的要求，需要教师对物理学科核心知识进行再认识、再梳理、再理解，实现对教学知识的更新、教学行为的转变，特别是从新的教学理念出发，改变教学行为。深度学习强调教师的主导作用，教师是学习活动的设计者、学生学习的合作者和引导者、教练员，需要基于物理学科核心素养，深入挖掘物理核心知识的教育价值，让学生学习"真实"的初中物理知识。教师也是学生成长的激励者和引领者，教师应成为向导，引导学生通过不断扩大知识库来实现发展和进步，把准学生能力的最近发展区，设计具有挑战性复杂问题，给学生提供问题解决的机会和核心素养发展的空间，促进学生的持续性发展。

开展初中物理深度学习，要强化课堂的主阵地作用，切实提高课堂教学质量。要建立师生学习共同体，通过挑战性的任务，师生从感觉、知觉、思维、情感、意志等方面全身心投入、高度参与、沟通与交流、反思与修正，达到核心观念的建构，并能够应用物理观念解决实际问题。

开展初中物理深度学习，目标指向发展学生的学科核心素养。物理学科核心素养是物理教育全面贯彻党的教育方针、落实立德树人根本任务、发展素质教育的抓手，是物理学科育人价值的集中体现，是学生通过物理学习逐步形成的正确价值观念、必备品格和关键能力。初中物理深度学习要以初中物理学科知识为载体，发展学生的物理学科核心素养，使学生成为德智体美劳全面发展的社会主义建设者和接班人。

第二节　为什么开展初中物理深度学习

初中物理深度学习教学改进项目主要是针对教学实践中在培育学生核心素养方面存在的主要问题进行教学改进，促进学生学习方式的真正转变，改变教学方式和学习方式的表面化、活动目的和收获的知识结论单一化、课堂师生交流对话的浅显化、过程方法和态度情感目标的泛化。深度学习是解决教学现实问题的有效手段，通过深度学习真正落实学生物理学科核心素养的发展，从而促进新一轮课程改革在实践层面的有效推进。

一、促进学生学习方式的转变，实现学生积极的学习状态

深度学习是触及学生心灵的教学，其核心是促进学生学习方式的

转变，真正体现学生的主体地位，实现学生积极主动地学习。自第八次基础教育课程改革以来，我国中学物理课堂教学发生了积极变化，学生的学习方式呈现了多样化的特点，实验探究、小组合作、学案导学、项目式学习等学习方式在物理课堂中不断涌现；联系实际、贴近生活的教学素材更加丰富；在学习内容的选择和组织方面，更加注重了物理学科的过程与方法；在学习过程方面，更加考虑了学生的认知特点和学习规律，同时也强调了挖掘物理学科的育人功能。

但从全国中学物理教学现状看，这些变化还有很大的改进空间。笔者选取 2014 年第四届全国中学物理名师课堂教学展示与交流研讨活动中的 20 节初中物理优质课作为样本，从内容来说，力学和电学共 13 节，热学 3 节，光学 2 节，声学 2 节，基本与初中物理教材中力、电、热、光、声的内容比例一致。在对 20 节初中物理优质课的课堂观察中发现，以学生行为为主体的教学行为的比重明显偏低，仅占每节课时长的 1/4，3/4 的时间是教师在主导。同时，学生参与初中物理课堂的最主要方式是回答教师的提问，即"表达陈述"，平均每节课发生 16 次左右，耗时近 400 秒。具体分析来看，"发问质疑"的时长不到 6 秒/节课，"独立思考"的时长不到 3 秒/节课，"思考讨论"的时长 43.10 秒/节课（这也仅仅是相对来说较多）。最重要的是，"发问质疑""独立思考"和"思考讨论"作为三个高品质的、能够促进学生深度学习的教学行为，平均每节课的频次均不到 1 次，如表 1-2 所示。这也从一个侧面说明在当今初中物理课中对学生核心素养培养的重视不够，方法不到位，是需要改进的，学生的学习方式和学习状态需要进一步改变。

表 1-2 "学生行为主导"的教学行为统计

维度 类别	平均频次（次/节课）	平均时长（秒/节课）
展示成果	1.00	59.20

续表

维度 类别	平均频次（次/节课）	平均时长（秒/节课）
动手操作	2.15	160.05
书写计算	1.10	77.40
表达陈述	16.25	391.95
发问质疑	0.35	5.45
独立思考	0.15	2.60
思考讨论	0.80	43.10
总计	21.8	739.75

学生的学习是具有社会性的活动，教育的目的是培养有责任感、有担当的社会人。因此，深度学习首先"深"在人的精神境界，"深"在人的心灵里。在深度学习的教学活动中，要重视学生的思考与讨论，鼓励学生主动提出问题，而不只是被动的问题回答者。让学生从被动听讲到发自内心的积极参与，从以获取知识为主的活动到综合获得知识、方法、态度的活动，从照方抓药的实验操作到蕴含深度探究思维的实验活动，从师生简单对话到揭示物理思维过程的多轮次、多渠道的交流，从"泛化"的过程方法、态度情感学习目标到"落地"的核心素养目标，从对核心知识的浅显理解到内化核心知识承载的物理思维方法，提升学生解决综合复杂实际问题的能力，这样才有益于深度思维、情感内化，培养学生物理学科的关键能力和必备品格。

二、促进学生核心素养的发展，有效推进新一轮课程改革

自20世纪90年代以来，核心素养成为全球范围内教育政策、教育实践和教育研究领域的重要议题，推动了课程与教材、教学方式、教师专业发展、教学质量评价等改革。我国《普通高中物理课程标准

（2017年版）》将培养学生的物理学科核心素养作为课程目标，通过中学物理课程的学习，帮助学生形成"物理观念、科学思维、科学探究、科学态度与责任"四个方面的物理学科核心素养。

初中物理深度学习活动要遵循"教师为主导，学生为主体"的原则，以发展学生物理学科核心素养为目标。直接告诉知识，看起来可让学生在短时间内得到更多的知识，但却很难转化为问题解决的能力与智慧，也无助于提升学生的核心素养。学科知识只是形成学科核心素养的载体，学科活动才是形成学科核心素养的渠道。为此，要改变学生的学习方式，实现学生积极主动地解决问题，经历思维深度参与的学习活动，一切知识，唯有成为学生探究与实践对象的时候，其学习过程才有可能成为素养发展过程。"物理观念"是其他物理学科核心素养的重要基础；科学思维和科学探究是在学生经历科学思维和探究过程中体现出来的可观察、可测评的学习结果。所以，在深度学习活动的设计中，要重视学生科学思维和科学探究的外显行为的比重。

初中物理深度学习教学改进应把物理学科核心素养作为初中物理教学的重要目标，将物理观念、科学思维、科学探究、科学态度与责任等要求纳入教学设计。关于科学探究的教学，要克服重结果、轻过程的倾向，因为科学探究能力是在探究过程中形成的。应通过增添联系生活的教学内容、创设生动活泼的课堂情境激发学生的学习热情，让学生保持旺盛的求知欲。给学生提供深度交流的机会，以体验和享受合作的成果，互相学习；引导学生在物理实验中如实记录，客观对待所读取的实验数据，遵循基本的科学伦理和道德规范。

初中物理深度学习强调通过学生学习方式的改变，强调科学探究及情境互动，强调学生积极参与挑战性任务，获得物理核心知识和核心观念的形成，科学思维的理解与内化、自主迁移与运用，形成积极的内在学习动机。初中物理深度学习突出学习过程的五个特征：联想与结构、活动与体验、本质与变式、迁移与应用、价值与评价，符合当前国内外教育教学改革提倡的知识观、学习观和评价观。

初中物理深度学习教学改进是促进学生核心素养发展的有效途径，对新一轮课程改革在实践层面的推进具有重要意义。

三、促进学生对知识的深度理解，符合时代的学习理念

美国新媒体联盟（New Media Consortium，NMC）和美国学校网络联合会（the Consortium for School Networking，CoSN）合作完成的《新媒体联盟地平线报告：2015 基础教育版》明确提出"向深度学习转变"，该报告指出，深度学习是以创新方式向学生传递丰富的核心学习内容，引导他们有效学习并能将其所学付诸应用；基于项目的学习、基于问题的学习、基于探究的学习，有助于学生获得更多主动学习的经历，是深度学习方式。《新媒体联盟地平线报告：2016 基础教育版》又提出了"探索深度学习策略"。威廉和弗洛拉·休利特基金会（William and Flora Hewlett Foundation）将深度学习定义为"开展批判性思考、问题解决、协作和自主学习"。深度学习旨在帮助学生掌握影响他们周围世界的新知识和技能。教学策略也从被动接受转向主动获取的学习，让学生从新的信息中形成自己的观点。当今时代，学生的学习，应该是在教师的引导下，面对系统而有挑战的学习内容，全身心地投入实践活动，这正是深度学习强调的学习过程。

2017 年，联合国教科文组织（UNESCO）发布了一份新的研究报告：《反思教育：向"全球共同利益"的理念转变?》。该报告指出，学习可以理解为获得这种知识的过程。学习既是过程，也是这个过程的结果；既是手段，也是目的；既是个人行为，也是集体努力。

深度学习，"深"在教学规律中，"深"在对当今教育改革发展趋势的知识观、学习观和评价观的认知和落实。深度学习虽然表现为一个个教学活动，但这些活动并不是孤立的，而是存在于有结构的教学系统中的。依循正确的教学观、知识观、学习观和评价观，才是真正的"深"。深度学习不仅要"深"下去，还要"远"开来，不仅要实

现当前的教学目标，让学生掌握知识、形成技能、发展能力、提升品格，还要全面发展学生的核心素养。

四、促进教师主导作用的充分发挥

《反思教育：向"全球共同利益"的理念转变?》指出："教师应成为向导，引导学习者通过不断扩大知识库来实现发展和进步。"

如前所述，深度学习活动要遵循"教师为主导，学生为主体"的原则，有效促进学生发展，使学生在短时间内获得较大的发展和提升。深度学习不仅强调"深"的数量，更应强调"深"的质量、"深"的效率，因而要把握好有一定难度的内容和学生主动活动的关系。深度学习强调大概念、核心概念，强调具有挑战性的任务和活动，其核心就是把内容与学生的学习活动结合起来，而要有效地结合，使深度学习真正发生，就需要教师发挥应有的主导作用。

首先，确立促进学生自觉发展的"最近发展区"。

深度学习强调学生要完成有挑战性的任务。所谓最近发展区，是学生现有水平与较高的未来水平之间的差距，这个区域正是教师与学生交往、帮助学生发展的区域，即学生以主体的方式进行学习活动、获得发展的区域。因此教师要了解学生的现有水平，帮助学生实现经验与知识的相互转化，即联想与结构，帮助学生挑战困难、解决问题，从现有水平建构到未来的较高水平。

其次，帮助学生真正成为学习的主体。

教师的教学设计并不是教材内容的简单复制，而是需要教师根据学生的年龄与水平进行选择、加工、改造，引导学生主动学习、主动探究、自主发展，帮助学生亲身经历知识的发现和建构过程。这个过程不是学生自发进行的，依赖于教师的引导以及教师对教学内容和学生学习过程、方式的精心设计。学生的主动学习活动，必然伴随着与教师、同学的交流、沟通、合作等活动，是其全身心地体验知识的丰富内涵的过程。这种过程不是简单的知识"重演"，而是知识的"重现"，这种"重现"过程离不开学生的主动参与，需要借助具有挑战性的活动作为载体，通过交流、沟通、合作等，让学生体验知识的生成过程。这样的学习才真正体现了学生主体，也就是深度学习。

再次，帮助学生把握知识的内在联系与本质。

进行深度学习，意味着能够抓住教学内容的本质属性，全面把握知识的内在联系，并能够基于本质举一反三。为了帮助学生做到以上几点，就需要教师在教学中提供不同的情境，通过真实情境引发学生提出问题，深度思维，对知识进行重组、加工，概括出具有共性的本质特征。

最后，帮助学生将所学知识转化为问题解决能力。

德国物理学家劳厄说过："重要的不是获得知识，而是发展思维能力。教育无非是一切已学过的东西都遗忘掉的时候所剩下来的东西。"著名物理学家陈佳洱先生也曾谈到过："物理学不只是图表和数据，它能带给你很多更珍贵的东西，理性的思维方式、人生的哲学和人生的道路。"

2017年9月，中共中央办公厅、国务院办公厅印发的《关于深化教育体制机制改革的意见》指出，在培养学生基础知识和基本技能的过程中，强化学生关键能力培养。即培养学生的认知能力、合作能力、创新能力和职业能力，引导学生积极动手实践和解决实际问题。

教育的目的不只是让学生掌握知识，更要帮助学生将所学知识转化为问题解决能力。实施"深度学习"，教师应在"迁移与应用"上下功夫，"迁移"是知识的扩展与提升，"应用"是将内化的知识外显化、操作化的过程，是知识活化的标志，也是学习成果的体现。

第二章

初中物理深度学习的教学设计

初中物理深度学习活动及其过程的设计要依据单元学习主题、深度学习目标、深度学习内容，以及学生已有的知识和经验而进行，以基于关键问题解决的体验性学习活动引导并帮助学生发现、体验、经历知识的形成过程，促使学生在活动中展示出他们对事物的新认识，呈现他们的思维特点。

第一节　什么是初中物理深度学习的教学设计

初中物理深度学习的教学设计的一般流程可以分为分析、设计和评价三大部分。分析过程是对学习需求的分析，其中包括对课程标准、教材、学习内容及学习者特征的分析，进而形成单元学习主题；设计过程包含对学习目标的设计、对学习活动的设计、对教学策略的设计、对教学技术和手段的设计、对教学过程的设计；而评价过程通过形成性评价和过程性评价等实现持续性评价。因此初中物理深度学习的教学设计也是基于单元学习主题的教学设计，其设计流程如图2-1所示。

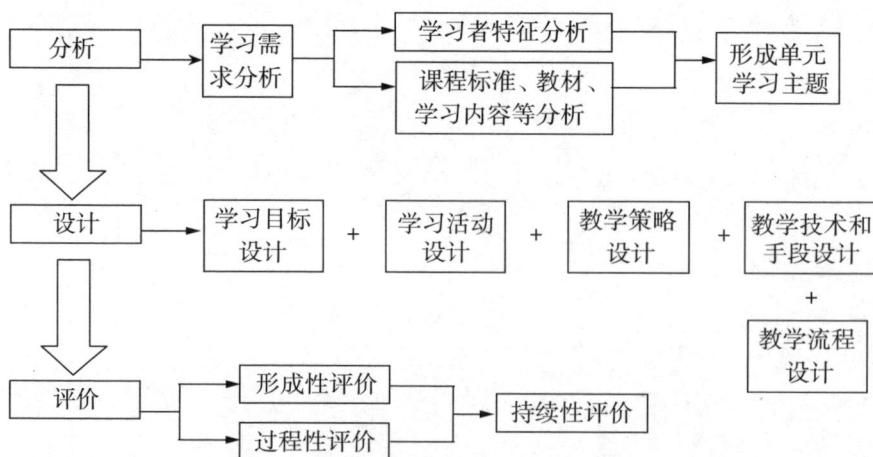

图2-1　初中物理深度学习教学设计流程

一、基于单元学习主题的初中物理深度学习教学设计的意义

　　基于单元学习主题的教学设计就是从一章或者一个单元的角度出发，根据章或单元中不同知识点的需要，综合利用多种教学形式和教学策略，通过一个阶段的学习让学习者完成对一个相对完整的知识单元的学习。这里的"单元"是指为了完成一定的目标，教师根据教育教学经验和教学内容，将性质相同或有内在联系的内容组织在一起形成的教学单元或模块。基于单元学习主题的教学是一个相对完整的教学过程，是实现学习目标的基本单位，也是学生形成物理观念、科学思维、科学探究和科学态度与责任的基本单位。

　　基于单元学习主题的教学设计要有整体性，主要体现在教学目标的设定和教学内容的整合；要有相关性，主要体现在教学目标和内容相关、教学方法与教学目标相关、教学活动与教学目标相关等；要有综合性，主要体现在整个单元教学应体现培养学生核心素养、具体方法与科学思维综合、课时目标与单元目标综合等。

　　基于单元学习主题的教学设计，围绕单元学习主题将教材内容进行重组，教学中采用合作、探究、交流、展示等多种学习方式，旨在发展学生的学科核心素养。

　　基于单元学习主题的教学设计在学习目标、教学内容、教学组织与顺序、教学方法上存在如下特点，如表2-1所示。

表2-1　基于单元学习主题的教学设计的主要特点

维度	特点
学习目标	在知识获得基础上，培养和发展学生的物理观念、科学思维、科学探究、科学态度与责任，体现物理学科的育人价值。

维度	特点
教学内容	围绕单元学习主题，对教学内容进行重组，形成更能体现物理学科核心素养，更具培养学生认知能力、合作能力和创新实践能力的知识结构。
教学组织与顺序	首先根据单元学习内容统整单元学习主题，明确单元学习目标，整合单元教学任务。在此基础上确定每个课时的任务，形成子任务或者具体问题。
教学方法	以教师引导为主，学生采用合作、探究、交流、展示等体现学生主体的多种学习方式。

二、基于单元学习主题的初中物理深度学习教学设计的四个重要环节

深度学习倡导基于大概念、核心概念的单元学习，这就要求教师梳理好物理学科核心素养与物理学科核心内容之间的关系，依据物理课程标准和物理教材，选择有利于培养学生物理学科核心素养的教学内容和情境素材，制订深度学习目标，选择教学内容，设计深度学习活动，开展课堂教学，进行学习评价，使物理学科核心素养真正落地。教师要不断更新观念，进行创造性活动，基于教材对教学内容进行二度开发，提高教学设计的规范性和系统性，增强学生学习过程的体验性、互动性和生成性，实现"教—学—评"的一致性，以更好地发展学生的物理学科核心素养，提升物理学科的育人品质。

与常规教学设计相比，基于单元学习主题的初中物理深度学习的教学设计在单元学习主题、学习目标、学习活动、持续性评价等四个重要环节做了改进。

（一）单元学习主题

初中物理单元学习主题是指围绕物理学科核心内容组织起来的、对现实生活有意义的、促进学生持续探究的单元学习活动主题。

单元学习主题具有学科核心、联系生活和持续探究三个主要特征。

1. 学科核心

单元学习主题是一个或多个物理知识中起核心作用的内容，承载关键性的物理概念、原理、方法、观点等，可以促进学生建构物理观念的知识体系，形成结构性、系统性的知识网络，体现物理学科思维方法，蕴含物理学科的育人价值。

2. 联系生活

单元学习主题与生活中的真实问题相关，易使学生体验并建立知识与现实生活的联系，丰富学生认识世界的方式，促使学生理解所学内容的意义和价值。

3. 持续探究

单元学习主题是富有挑战性的、能吸引师生兴趣、从学生多元化的角度考虑切入的学习问题或任务，能够吸引学生全面、深度参与学习活动，建立学生经验与知识之间的联系，激发学生的学习潜能，促进探究的持续与深入。

（二）单元学习目标

初中物理深度学习目标明确表达了期望单元学习主题学习完成之后，学生获得的学习结果，包括能反映物理学科本质及思想方法、能够促进学生深度理解和灵活应用的知识、技能、策略和情感、态度与价值观。深度学习目标体现物理学科课程标准，指向学生思维习惯养成和实践应用能力、物理学科核心素养的提升，具有以下特征。

1. 指向学生

深度学习目标关注学生心理状态、已有知识、思维水平、情感态度等，从学生的基础、兴趣、需求和问题出发，提出和阐释学习目标。目标主语应是学生，尽量少用"通过……培养学生……"等类似描述，建议以"学生观察……""学生理解……""学生体验……""学生探究……"等陈述形式或学生感兴趣的开放性问题的形式进行表述。也可邀请学生参与学习目标的制订。

2. 指向学科本质

深度学习目标期望学生掌握反映物理学科本质的、最具价值的理论、思想、概念、技能、策略、方法、情感、态度与价值观等。学习目标的制订应关注单元学习主题的内容是什么（知识）、如何做（方法）、为什么（目的）、如何交流（形式）等。

3. 指向高阶思维能力

深度学习目标追求理解、评价、迁移、问题解决与创新能力培养。

4. 表达具体明确

深度学习目标应清晰说明希望学生在物理学科核心素养方面实际学到什么以及多少，达到何种程度。

5. 体现系统公开

应依据国家课程标准要求、学年课程总体目标，围绕单元学习主题，确定单元学习目标和每一次学习活动的结果，形成目标结构。目标将决定着学习活动的选择和评价的内容及方式，与学习主题、学习活动和评价相伴始终。此外，需向学生公开目标并在教学中经常提及。

（三）单元学习活动

初中物理深度学习活动是以理解为基础的有意义探究型学习活

动。学生在教师指导下，通过解释、举例、分析、总结、表达、解决不同情境中的问题等基于已有知识的建构性活动，创造对新知的理解。

初中物理深度学习活动具有与深度学习目标相契合、鼓励学生参与挑战性任务、考虑学生多种学习倾向、有指导的探究、表现思考的结果、系统设计等主要特征。

1. 与深度学习目标相契合

例如，当学习目标是促进学生问题解决能力得到发展时，就需要设计相应的问题情境，引导学生经历发现问题、提出问题、分析问题、设计解决方案并尝试解决问题的完整过程。

2. 鼓励学生参与挑战性任务

深度学习活动过程就是关键问题解决的过程，也是问题解决策略的选择过程。它不是"判断对错"这样的测试性学习，而要让学生利用所学知识解决实际问题。活动情境设计要具有挑战性和趣味性，能够激发学生持续探究的兴趣，并获得成功体验。

3. 考虑学生多种学习倾向

学习活动设计应呈现低结构特点，能够满足共性与个性的需求。关注学生多元智能的倾向，依据学生的多元智能来设置不同的学习活动切入点，鼓励学生以多种方式表达对知识的理解。给学生提供思考与讨论的时间和空间，便于其深度加工。

4. 有指导的探究

只有当学生主动参与学习活动时，才能在自己原有认识的基础上构建起关于新知的意义，也才能有效应用。在这一有意义的探索过程中，教师需为学生搭建必要的"脚手架"，如，问学生"对这个问题你怎么看？""是什么让你得出这样的结论？"，甚至在必要时直接示范解决问题的策略。在学习过程中，教师要为学生提供方法、工具、策略和理念引领，让学生利用这些进行交流探讨、行动实践，最终实现对概念的深入理解、问题的创新应用。此外，学生通过小组协作也可互相提供探究的支持，合作来解决问题。

5. 表现思考的结果

讨论、解释、评论、问题解决等活动，以及概念图、思维导图等可视化思维工具的运用，便于展示出学生理解、思维活动的成果，使学生的思维可见，为评价提供依据，有利于学生修正和改进。单元主题学习结束时，要求学生综合他们在各单元所学的知识，独立完成相应的任务，展示学习的最终产品，有助于迁移和创新。

6. 系统设计

学习活动各个环节之间的设计，应符合课堂教学内在逻辑（情境导入—问题探究—总结应用—迁移创新），符合学生的认知发展规律（由低到高、由已知到未知）。

本书提倡如图 2-2 所示的教学路径。

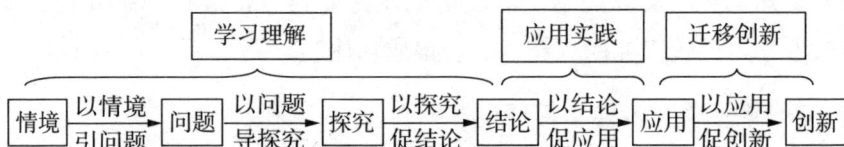

图 2-2　基于深度学习的教学路径

（四）持续性评价

持续性评价是指依据深度学习目标，为学生的深度学习活动持续地提供清晰反馈，帮助学生改进学习的过程，包括建立标准并提供反馈。

持续性评价包括依据目标、关注过程并重在反思改进、共同制订和执行、深度评价、公开评价标准、采用多样化评价方式等主要特征。

1. 依据目标

评价目标是设计评价方案的重要依据，要依据深度学习目标，确定清晰的评价标准。

2. 关注过程并重在反思改进

评价和反馈意见需贯穿学习活动的始终，反馈意见要详细、具体，应能根据学生的每项活动给予持续性的辅导。

3. 共同制订和执行

教师可邀请学生共同制订关于深度学习活动的评价标准，并让学生充分参与到评价活动中。

4. 深度评价

评价内容和方式指向学生的高阶思维，因此应制订并运用学习活动的评价标准来评价学生的思维发展，评价学生的学习态度、过程表现与方法，使不同的学习个体都能够获得成长。

5. 公开评价标准

深度学习活动开始前，应清晰、明确地让每个学生都知道、理解评价的标准，并始终牢记，以便随时对照标准进行自我评价。

6. 采用多样化评价方式

根据评价的目的，评价方案可以是过程性评价、终结性评价，检测性评价、激励性评价，正式评价、非正式评价。在形式上可以包括学生自评、学生互评、教师评价和专家评价等。

第二节 怎样进行初中物理深度学习的教学设计

如前所述，基于单元学习主题的初中物理深度学习教学设计包括四个重要环节，因此，应重点把握选择初中物理单元学习主题、确定初中物理深度学习目标、设计初中物理深度学习活动、开展持续性评价四个方面（见图2-3），这也是初中物理深度学习实践模型的四个要素。

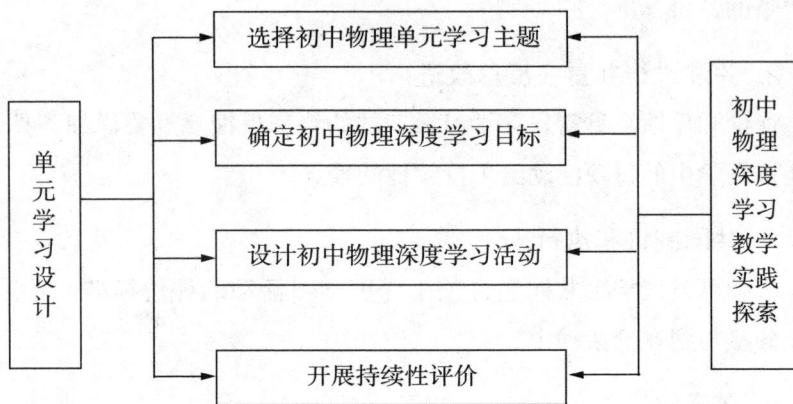

图 2-3　初中物理深度学习的实践模型

一、选择初中物理单元学习主题

在确定初中物理深度学习单元学习主题时，关键要把握以下几个原则：（1）基于物理学科体系，尽量不打乱教材现有的体系；（2）以教材的章节为单位，多版本的教材可相互参考、相互借鉴；（3）单元学习主题的名称既能体现深度学习的特色，又要有新意。

确定单元学习主题的具体思路主要依据以下三个维度。

维度一：课程标准主题和教材内容。研究课程标准要求和教材内容，找出单元内容中蕴含的关键性物理知识、学科思想方法、核心价值观念等，参照结构化的学科体系，明确体现物理学科本质的核心内容。一般来说，教材中的内容往往都是根据学生认知发展规律，从研究对象或者运动方式的角度按从简单到复杂的顺序选择或者组织的。

维度二：学生实际情况。了解、分析学生需求，尽量联系学生的生活与社会实际，并结合其他相关信息，依据单元核心内容生成若干学习主题，辨析、比较主题的价值，筛选出单元学习主题。物理学与生活联系紧密，学生在日常生活中就能接触到许多物理名词，形成了前概念，但缺少对物理概念的真正理解。

维度三：物理学科基本思想与方法。从研究对象的性质和运动形式来划分，物理学可以分为力学、声学、热学、电磁学、光学、原子物理学等分支，而每一分支的内容都包括物理现象、物理概念和物理规律三方面的主要内容。物理学各分支的物理现象、物理概念和物理规律一起构成物理学知识的网络结构。此外，人类在发现物理知识的同时创造了丰富多彩的物理学研究方法，如理想模型法、理想实验法、控制变量法、等效替代法、转换法、积累法、放大法、模拟法、观察法、类比法、对比法、归纳法、图像法、比值定义法等。同时前人们在发现物理知识的过程中也表现出值得后人学习借鉴的科学精神、科学态度和责任等，这些方法和情感态度都可以运用到物理知识的教学中，是物理教学的必要内容。因此，教师综合考虑物理学知识、物理学方法、科学态度等能够更有效地确定单元学习主题。

（一）运用思维导图确定单元学习主题

确定单元学习主题可采取"自上而下"的方式，通过对初中物理学习内容的研析，梳理出能够反映物理学科思想方法、培养物理学科核心素养的核心概念或大概念，从核心概念出发生成单元学习主题。在此过程中，可以通过构建初中物理思维导图来进行梳理。

例如，在深度学习初中物理学科北京市海淀区项目组的"'光现象'教学设计"中，将单元学习主题确定为"探寻光的轨迹"。这一单元学习主题所包含的教材内容是北师大版《物理》教材八年级上册第五单元"光现象"。从课程标准来看，所选内容隶属于一级主题"运动和相互作用"下的二级主题"声和光"，单元核心内容是研究光在传播过程中的一些简单现象及其规律，主要包括光的传播、光的反射以及光的折射等。光的三大现象以及其中涉及的概念、规律是几何光学的重要内容，也是中学光学教学的基础。该实验团队用思维导图的形式确定单元学习主题，并梳理相关概念。

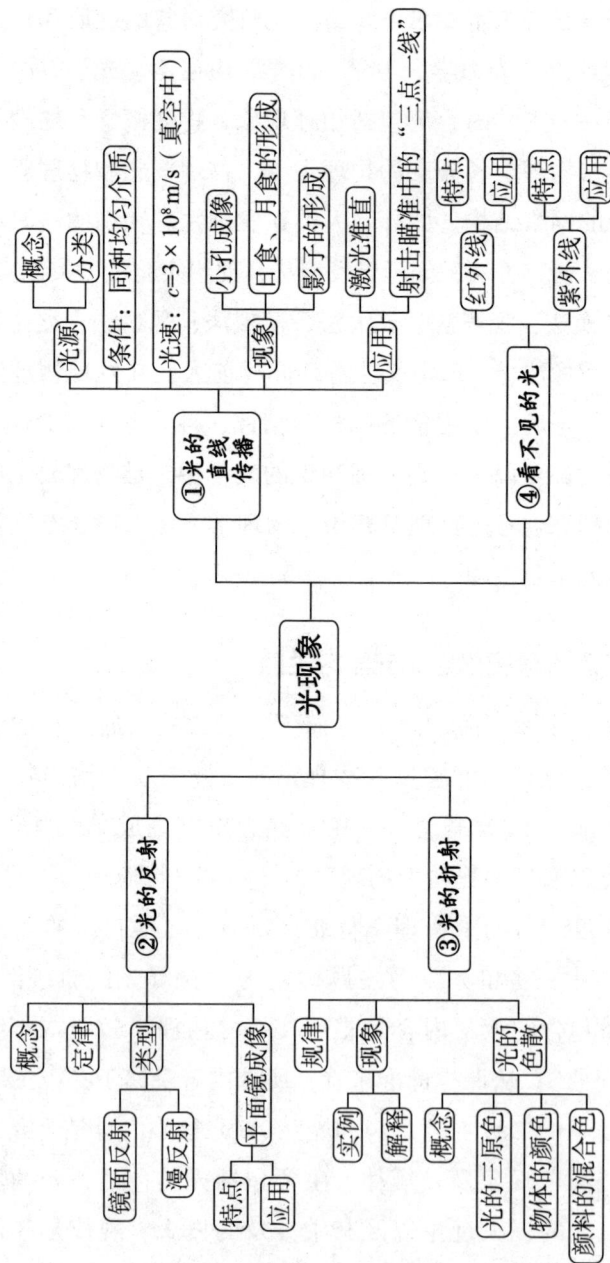

图2-4 "光现象"单元学习主题思维导图

如图 2-4 所示，光的直线传播、光的反射、光的折射是常见的、重要的光现象，要解释和理解这些光现象，就涉及光源、光线、光沿直线传播的条件、光速、入射光线、反射光线、法线、入射角、反射角、折射角、折射光线、反射定律、折射规律等重要物理概念和物理规律。

物理学是自然科学领域的一门基础学科，研究自然界物质的基本结构、相互作用和运动规律。物理学基于观察与实验，建构物理模型，应用数学等工具，通过科学推理和论证，形成系统的研究方法和理论体系。从古希腊时代的自然哲学，到 17、18 世纪的经典物理学，直至近代的相对论、量子论等，物理学始终引领着人类对自然奥秘的探索，深化着人类对自然界的认识①。

人类对自然界的认识，是随着研究对象的不断复杂或相互作用和运动规律的不断复杂而不断深化的。就光现象这部分内容来讲，主要研究光的直线传播、光的反射、光的折射这些常见的光现象，在同种均匀介质中光沿直线传播，在两种介质的交界面上光发生反射现象，当光从一种介质进入到另一种介质中后发生折射现象。从中可以看出研究对象在不断地变复杂，而我们所需要探索的就是随着研究对象的不断复杂，光究竟如何传播，即光进入到不同的介质中究竟去哪里了？因此，该部分内容均以光的轨迹为线索，自然就生成了"探寻光的轨迹"这一单元学习主题。

运用思维导图确定单元学习主题，重点是通过对主要物理现象、物理概念、物理规律的梳理，抽象出物理学的本质特征，概括出大概念或核心概念，分析研究对象的复杂程度或相互作用、运动规律的复杂程度。如在物态变化部分，就是研究物质三态的相互变化；压强部分就是沿着固体压强、液体压强、大气压强这些研究对象的不同而不

① 中华人民共和国教育部 . 普通高中物理课程标准（2017 年版）［S］. 北京：人民教育出版社，2018：1.

断深化研究。

在本书附录中提供了参照人教版义务教育《物理》教材（2012 年版）的思维导图供教师们参考，教师们也可以根据这些思维导图组织构建单元学习主题。当然，在运用思维导图构建单元学习主题时，除了关注知识结构外，也一定要注意对物理学科的思维方法和蕴含的科学态度与责任的挖掘。

（二）多维度确定单元学习主题

2016 年年底，深度学习教学改进项目初中物理学科组在确定单元学习主题时，首先对教材进行了充分的讨论，主要选用了两个版本的教材：人教版义务教育初中《物理》教材和北师大版义务教育初中《物理》教材。例如，人教版八年级下册第七章"力"共分为三节：力，弹力，重力；第八章"运动和力"也分为三节：牛顿第一定律，二力平衡，摩擦力。而北师大版八年级下册第七章"运动和力"共分为七节：力，弹力 力的测量，重力，同一直线上二力的合成，二力平衡，学生实验：探究——摩擦力的大小与什么有关，牛顿第一定律。两个版本教材的内容差别不大，顺序略有区别。根据两个版本教材内容的划分，既可将该部分内容划分为两个单元学习主题，也可以合并为一个单元学习主题。"力与运动"是初中物理的核心概念之一，其知识的综合性较强，在初中学习时要从各种常见的力出发，让学生深入认识力，并适当了解力与运动的关系。本书将力、重力、弹力、摩擦力等确定为一个单元学习主题。

《义务教育物理课程标准（2011 年版）》对这部分内容的要求是：

2.2.3　通过常见事例或实验，了解重力、弹力和摩擦力，认识力的作用效果。

2.2.4　用示意图描述力。会测量力的大小。知道二力平衡条件。

再结合对学生实际情况的分析，该单元学习主题确定为"力，你真的熟悉吗？"。力和运动的相关现象在日常生活中随处可见，学生对力也很熟悉，但学生是不是真的了解力、生活中的力与物理学中的力又有何异同、力的科学概念及相应的规律是什么，这些都是教学过程中需要解决的关键问题。该单元学习主题的核心就是既要让学生对"力"感觉不陌生，建立生活与物理之间的桥梁，又要让学生对"力"感觉不熟悉，实现从前概念到科学概念的转变。

（三）确定单元学习主题的实施步骤

一般来说，确定单元学习主题的方法主要有四种。一是按照教材章节的主要内容来组织，选择与教材编写的单元或章节一致的单元学习主题。物理学本身的逻辑性很强，课程标准、教材内容的编写也都注重物理学科的逻辑性，因此按照教材章节的安排来梳理和确定单元学习主题比较简单，也是非常适用的方法。二是按照物理学科核心素养的发展来组织，考虑具体的物理学习内容，跨教材单元、章节对相关内容进行整合，如可以考虑从科学方法或科学态度等角度梳理，确定单元学习主题，这种方法比较适合章、节内容的学习或总复习等。三是按照主题性任务来组织。任务可以是初中物理学习单元，重点关注广泛连接科技前沿和学生的日常生活、社会生活等，概括出体现物理学科育人功能价值的学习主题。四是按照真实情境下的学习任务跨学科来组织，选择综合性、实践性和开放性都很强的单元学习主题，以发展学生综合运用各学科相关知识、技能和方法来解决实际问题的能力。

确定单元学习主题一般可以考虑以下关键步骤：第一步，认真分析课程标准及教材内容，梳理单元内容结构，找出单元学习内容；第二步，对学生的物理知识基础、关键能力、生活经验、思维特点等进行探查、分析和诊断，并在此基础上确定单元学习主题；第三步，结合相关信息进行分析论证，落实课程标准的价值追求，挖掘初中物理单元学习的育人价值。同时，还要考虑可操作性和可评价性，最终确定单元学习主题。

在具体实施时，学校物理教研组要安排专门的时间对单元主题教学进行研讨，集体备课，以确定教学时段下的单元学习主题，并以结构图等形式整体呈现单元之间的关系、单元内的课时安排及课时之间的关联，让教师做到心中有数，方便查阅资料和备课。

单元学习主题可大可小，每一个学习单元通常需要若干课时完成，以 4—10 课时为宜，教学实践之后通过反思、再研讨，修正单元学习主题及其内容。需要说明的是，单元学习主题应涵盖物理学科核心内容、主干知识、大部分内容，但不一定把所有的内容都纳入单元学习主题中，只要体现深度学习的理念，支持学生自主学习、探究学习、实践学习即可，防止把深度学习模式化、程序化。

二、确定初中物理深度学习目标

单元学习主题学习目标是依据课程标准要求和课程的学年总体目标，围绕单元学习主题，确定指向课程目标，体现物理学科本质和物理学科思想方法、物理问题解决能力，通过循序渐进的深度学习活动，学生应该获得的物理学科核心素养的学习结果。学习目标有助于确立学生学习的重点，让学生知道要学什么。

单元学习主题学习目标是单元教学设计的核心和灵魂，在研究课程标准、分析教材和学情的基础上，生成单元学习主题学习目标。确定单元主题学习目标要考虑以下方面：一是物理课程标准的要求；二是单元学习主题与核心内容；三是单元所承载的学生物理核心素养；四是学生的学习基础和发展期望。单元学习目标应体现物理学科的育人价值，彰显物理学科核心素养的发展，应具有以下四个方面的特征：一是一致性，应与物理课程学业质量要求，也就是物理学科核心素养应达到的水平相一致；二是发展性，要既符合学生实际，又指向学生未来发展，既基于具体物理知识和技能，又体现超越具体物理知识和技能的学科本质；三是结构化，单元学习目标是学科总的育人目标的一部分，与其他单元的学习目标相互关联、相互支撑；四是重点突出，单元学习目标的表述要具体明确、简洁、可操作、能达成，切忌求大求全、不可实现。

《义务教育物理课程标准（2011年版）》指出，义务教育物理课程应当让学生通过观察、操作、体验等方式，经历科学探究过程，认识物理概念和规律，学习科学方法，树立正确的世界观。对于"光现象"这一教学单元，给出的内容要求如下：

2.3.3　通过实验，探究并了解光的反射定律，探究并了解光的折射现象及其特点。

在北京市海淀区项目组初中物理学科实验团队的"'光现象'教学设计"中，实验团队依据课程标准要求，结合单元学习主题，将单元学习目标指向对学生物理观念、科学探究、科学思维和科学态度与责任四个方面核心素养的培养，既包括了反映物理学科本质的科学观念和思想方法，又蕴含了促进学生深度理解和灵活应用的知识、技能、策略和情感、态度、价值观。具体包括：

（1）了解光在同种均匀介质中沿直线传播的规律、反射定律、折射现象及其特点。能解释日常生活中相关的光现象，如日食、月食、美丽的倒影及海市蜃楼等。（物理学科核心素养——物理观念、科学探究）

（2）通过光的直线传播、光的反射实验探究及光的折射实验探究的学习过程，学习研究几何光学的思路和方法，其核心就是光路的分析和确定，发展有针对性的观察能力、基于现象的分析

能力、基于证据的总结能力。（物理学科核心素养——科学探究、科学思维）

（3）通过对日食、月食、海市蜃楼等自然现象的解释，体会知识的应用价值；通过密切联系实际，激发好奇心和保持良好的求知欲，并树立将科学技术应用于日常生活和服务社会的意识；通过探究的过程，培养科学思维和科学态度。（物理学科核心素养——科学探究、科学思维、科学态度与责任）。

完成这个单元学习主题，需要三个课时，在三个课时教学任务中，形成了具体每个课时的学习目标。具体到课时学习目标，更加关注可操作、可实现、可评价的具体外显行为，从"了解""理解""独立操作"和"经历"四个角度提出了相应的目标要求。

例如在"光的折射"中，将课时学习目标确定为：

（1）通过折射现象的观察，了解入射光线、入射点、法线、入射角、折射光线、折射角等基本概念，并在所观察的折射现象中指出其对应的位置。（了解）

（2）在经历实验探究后，能用自己的语言描述折射光线与入射光线的位置关系，折射角与入射角的大小关系，理解折射规律。（理解）

（3）会根据观察的光的折射现象抽象出光路模型；会仿照"光的反射"一节的学习方法，进行本节课的探究过程。（独立操作）

（4）通过应用光的折射规律解释水池变浅、水中筷子看起来向上折等现象，体会物理与生活的紧密联系，培养热爱学习物理的情愫；经历探究光的折射规律的过程，能通过观察折射光线随入射光线的变化情况，继续学会关注物理条件的改变与物理现象变化之间的联系；能在研究过程中继续体会确定空间一条线的位置需要"空间—平面—半边—角度"的研究顺序和研究方法。（经历）

　　确立深度学习的学习目标需要依据课程标准要求和教材中的教学内容，结合主题承载的物理学科核心素养和学科思想方法，进行学情分析、多方论证，确定深度学习的学习目标。确立深度学习目标之后，再考虑分课时的具体操作目标。当然，也可以反过来，先考虑分课时的具体操作目标，在此基础上从发展学生物理学科核心素养的角度总结单元学习目标。此外，还要对深度学习目标从一致性、系统性、本体性、发展性、可测性角度进行检验，如表2-2所示。

表2-2　深度学习单元学习目标的检验

要素	内容
一致性	体现课程标准和教材的主要知识，水平符合学生实际情况。
系统性	体现各知识要点间的关系。
本体性	以具体学科知识为载体，指向学生对物理学科思想和方法的理解。
发展性	指向迁移应用物理知识解决问题能力的发展。
可测性	目标具体不泛化，体现期望学生达到的程度。

三、设计初中物理深度学习活动

　　设计初中物理深度学习活动，是对"如何才能达成初中物理深度学习目标"的回答，是以理解和应用为基础的实践性单元学习活动设计。为此，要依据单元学习主题、单元学习目标、学生已有的知识和经验，设计出具有挑战性、探究性和实践性的学习活动。

　　要以单元为实施单位进行统筹规划，对深度学习活动及有价值的学习任务进行整体设计。学生通过在已有知识基础上的建构性活动来完成具有挑战性的任务，这些活动可以是解释、举例、分析、总结、表达、解决不同情境中的问题等，需要学生综合调用多种知识、多种方法，借助思考、研讨、探究，概括、分析、解释，预测、设计、评价、建构模型等过程，经历、体验发现知识的过程，展示出他们对事物的新认识和新理解，这也是发展物理学科核心素养的重要过程。

在设计单元学习活动时，要考虑各课时学习活动之间的衔接与关联，如"探寻光的轨迹"单元教学共包括三课时，每课时的内容主题及关联如下。

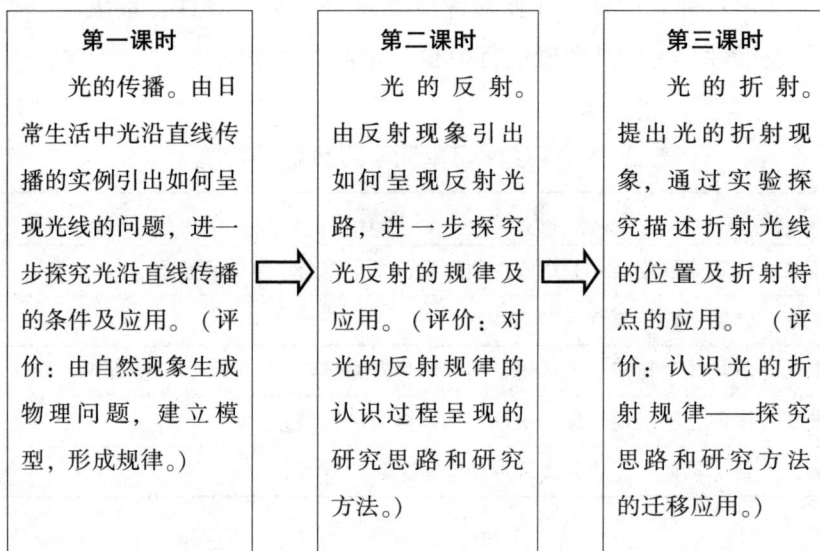

第一课时	第二课时	第三课时
光的传播。由日常生活中光沿直线传播的实例引出如何呈现光线的问题，进一步探究光沿直线传播的条件及应用。（评价：由自然现象生成物理问题，建立模型，形成规律。）	光的反射。由反射现象引出如何呈现反射光路，进一步探究光反射的规律及应用。（评价：对光的反射规律的认识过程呈现的研究思路和研究方法。）	光的折射。提出光的折射现象，通过实验探究描述折射光线的位置及折射特点的应用。（评价：认识光的折射规律——探究思路和研究方法的迁移应用。）

在第一课时中，重点活动是如何呈现光线，为后面两节课的学习打好基础；在第二节课和第三节课中，学生已经学会如何呈现光线，进而进行反射规律和折射规律的探究。

（一）基于问题解决式、项目学习式、探究学习式设计深度学习活动

初中物理深度学习活动的形式主要包括基于问题解决的学习活动、基于项目的学习活动、基于探究的学习活动等。

1. 基于问题解决的深度学习活动

当学生面对一个物理问题时，便被置于一个真实的物理问题情境中，根据认知信息加工理论，问题解决者尝试寻找答案的心理活动如图 2-5 所示。

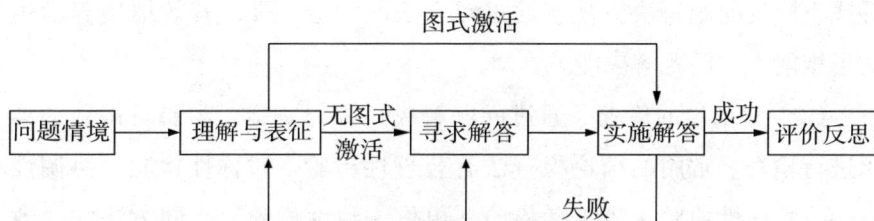

图式激活

问题情境 → 理解与表征 →（无图式激活）寻求解答 → 实施解答 →（成功）评价反思

失败

图 2-5　问题解决心理活动过程

根据图 2-5 所示的问题解决心理活动过程，物理问题解决的一般过程可以看作由以下几个阶段构成。

（1）明确物理问题。明确物理问题是对物理信息的发现、辨认、表征的过程，它是主体的一种有目的、有计划的知觉和思维活动。当遇到一个真实物理问题时，学生首先对物理情境信息进行阅读，明确物理情境的字面意义，通过一系列的思考，分析判断物理问题中所描述的对象、现象、过程及相应的联系，弄清物理问题中所涉及的量及其相关因素，包括已知的、未知的、直接的、间接的、明显的、隐含的等，全面系统地把握有关信息，抓住问题的外部特征，搞清解决问题的已知条件。

（2）探求物理问题解决方法。探求解决方法是在对物理问题有一个整体把握的前提下，探求解决问题的有效方法和途径。其主要过程是利用抽象思维、形象思维、直觉思维等各种方法，充分调动大脑中的物理认知结构，对物理问题的求解进行直觉的洞察、深入的分析和丰富的联想。同时调动原有的认知结构，对物理问题进行分类，确定该问题的类型，探求解决该问题的方法和途径。

（3）物理问题解决的实施。问题解决的实施就是展开思路、构思步骤、具体实施的过程，这是物理问题解决的中心环节。在明确了物理问题情境后，还需要寻找解决问题的具体方法步骤，明确物理研究对象，抽象概括出物理模型，合理利用物理规律进行运算或作图等，从而得出结论或提出假设。有的物理问题需要从不同侧面、不同方向寻找不同的问题解决方法，通过对方法的精选，可以有效地培养学生的思维能力和问题解决能力。

（4）对结论的检查。通过问题解决过程的实施，需要对得到的结果进行检查。常用的结论检查法有合理性检验、对称性检验、协调性检验、特殊性检验、逻辑性检验、单位一致性检验、不同方法的一致性检验等。

（5）总结与反思。学生在解决物理问题之后，总结与反思是非常必要的。第一，对所解决的物理问题的结构进行总结与反思，深入思考问题情境中所隐含的物理概念、物理过程和规律，扩展自己的物理认知结构对已知世界的问题情境的包容性，提高以后解决问题的效率。第二，回顾解决问题的思路，一个物理问题的解决往往需要许多步的状态转化——认知操作，才能达到目标状态。回顾问题解决的中间过程，把每一步的认知操作联结起来，能大大提高对问题解决的认识水平。

在物理问题解决过程中，要让学生掌握物理思维的常规方法，并灵活有交互地进行运用，提高其思维能力以及问题解决能力，达到实现深度学习的目标。

2. 基于项目学习的深度学习活动

项目学习是以学科的核心概念和原理为中心，以制作作品并将作品展示给他人为目的，在一定时间内在真实世界中借助多种可利用的资源开展探究活动并解决一系列相互关联的问题的一种学习模式。

项目学习主要有如下几个特点。

（1）以课程标准为核心。项目学习以课程标准要求的学科知识体系为核心，引导学生对某个有意义的问题进行探究学习，吸引学生参与到核心概念与原理的学习中。这就要求教师根据课程标准和可利用的资源，整理出一套根植于课程标准并适合用项目学习的方式进行学习的项目主题。

（2）以学生为中心。在项目学习过程中，学生是学习的中心，项目进行中要充分发掘学生对学习的内在渴求，理解并认可学生，引导学生参与到物理学科核心概念与原理的学习中。鼓励学习者对自己的项目负责，项目大小可视具体情境而定，项目复杂程度也随情境而变。活动过程中强调协作关系，教师、学生、家长组成一个学习共同体，成员之间密切合作，为任务的完成而共同努力。

（3）明确的项目主题。项目学习围绕一个特定的项目主题展开，学生围绕该主题开展实践探究，在活动中建构起新的知识体系，掌握相应的技能，培养思维品质。项目主题的创意来源于现实生活，应体现多学科交叉的思想，在活动过程中学生需要运用多门学科的知识，有时单纯地利用某一门学科知识是无法完成活动任务的。

（4）关键的驱动性问题。驱动性问题在项目学习中起着关键作用。在以课程标准为核心的项目学习中，教师通过高度精练的驱动性问题或真实性问题激发学生学习课程内容的需要，引导学生对真实且重要的专题进行深入探索。驱动性问题要能激发学生的兴趣，是开放的、具有挑战性的，并且与课程标准要求保持一致。项目学习的关键在于驱动性问题的设计与组织。驱动性问题贯穿在整个项目学习活动之中，学生为了解决驱动性问题，需要进行探究，在研究过程中整理思路、提出并精选问题、收集信息、计划和设计、搭建实验装置、收集数据、分析数据、得出结论并交流成果。

（5）完整的最终作品。项目学习强调在活动结束时产生一系列或一个作品，这些最终作品可以是研究报告、演示文稿展示、主题演讲或具有某种效益的产品。学生往往要展示自己的项目作品，而且会有来自班级以外的观摩者。这是知识与技能的综合体现。

（6）真实的情境。项目学习不注重对学生进行文本知识的传授，而是让学生自己动手亲自实践，这是项目学习与传统教学的最大区别。

学生在真实情境中获取信息、选择信息、处理信息。

学习者在真实世界中会面对不断深入的项目情境，这时就需要综合运用已有知识，解决不断深入发展的问题。这种深度运用新技巧、开辟新思路的学习可以促进学生解决实际问题的能力和创新能力的提升，进而达到实现深度学习的目标。

3. 基于探究的学习活动

科学探究的核心思想是对科学本质的认识。由于主观和环境因素的影响，科学知识或理论不可能是对客观物质世界的完全真实反映。因此，科学是寻求合理解释客观物质世界内在规律性的过程。随着对客观物质世界认识的不断深入和社会技术水平的不断提高，这种解释也会不断更新、完善，以求在新的问题条件下仍然适用。

科学探究分为两种：稳态的探究和动态的探究。稳态的探究是指在一定的科学原理的指导下，利用某种常规的研究方法，发现并积累关于某个问题或现象的科学知识的过程。在这种探究过程中，用于指导探究实践的科学原理本身被认为是正确无误的。与稳态的探究不同，动态的探究没有现成的科学原理或方法作为探究实践的依据或可以效仿的先例，这种探究过程通常出现在利用现有的理论或方法不能解决问题的时候，其目的是发明一种与传统认识或做法不同的新概念、新方法，甚至新理论，因而是一种与稳态的探究完全不同的探究过程。所以，动态的探究更具有开放性和创新的特点，能够更好地体现科学的本质。不过，从科学史的发展来看，稳态的探究对科学和社会的推动作用也是不可忽视的。科学也正是在这两种探究交替出现、相互推动过程中发展至今的。

探究活动具有七个要素：提出问题、猜想与假设、制订计划与设计实验、进行实验与收集证据、分析与论证、评估、交流与合作。但一切能使学生充分理解科学探究的本质特征，发展学生逻辑思维和批判性思维能力的教学方式和教学过程，不论形式如何，都应称为探究式教学。

学生通过探究活动，面对真实的情境，提出问题，经历制订计划、收集证据、解释与交流等环节，解决实际问题，进而实现"深度学习"。

（二）基于优化的初中物理教学方式设计深度学习活动

深度学习活动是以师生之间的互动共生式的教学行为来实现的。在深度学习活动中，要重视学生的思考与讨论，鼓励学生主动提出问题，而不只是被动的问题回答者。学习金字塔是美国缅因州的国家训练实验室的研究成果，它用数字形式形象地显示了采用不同的学习方式，学习者在两周以后还能记住内容（平均学习保持率）的多少。这种现代学习方式的理论最早由美国学者、著名的学习专家爱德加·戴尔于 1946 年发现并提出。

图 2-6　戴尔的经验锥形图①

① 陈琦，刘儒德. 当代教育心理学 [M]. 北京：北京师范大学出版社，2007：477.

基于该理论，结合初中物理教学实践，初中物理教学方式可以按照以下顺序不断优化：教师列举实例进行讲解→让学生列举实例→展示联系生活、社会的图片→演播联系生活、社会的视频→展示实物并进行演示→学生操作体验→解决学术性问题或任务→经历创造性解决实际问题的过程。因此为更好地组织实施初中物理深度学习，初中物理教学方式可以采用讲授型、实验演示型、实验探究型、问题驱动型、任务驱动型等方式。

依据前面提到的初中物理深度学习教学路径，如图 2-7 所示，可以设计深度学习教学方式的简要流程（见表 2-3）。

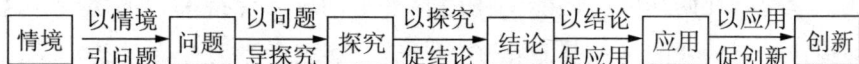

图 2-7　深度学习教学路径

表 2-3　初中物理深度学习各类教学方式的简要流程

类别	简要流程
讲授型	展示文字、图像—提出问题—陈述讲解—形成结论—应用实践
实验演示型	创设情境—提出问题—实验演示—陈述讲解—形成结论—应用实践
实验探究型	创设情境—提出问题—实验探究—形成结论—总结评价—应用实践
问题驱动型	创设情境—提出问题—独立思考/思考讨论—实验探究—表达交流—形成结论—总结评价—应用实践
任务驱动型	创设情境—明确任务—独立思考/思考讨论—实验探究—表达交流—形成结论—总结评价—应用实践

1. 讲授型

讲授是物理课堂中常见和传统的教学行为。在深度学习教学活动中，教师要有意识地发挥直接讲解陈述的优势，系统、生动地向学生呈现教学内容，这也是促进学生深度学习的主要方式。这就要充分利用多媒体资源，运用图片、录像、动画等方式，将物理情境展示在学生面前，从而使学生提出问题，通过教师的陈述讲解，解决问题，形成结论。初中学生以感性认识为主，在教学中应注意将日常生活中常见的物理现象与教学内容建立联系。

例如，在单元学习主题"力，你真的熟悉吗?"的第一节"力"中：北京市中关村中学李春老师在进行力的作用效果的教学过程中，通过射箭、撑竿跳等图片的展示（见图2-8），提出了判断力的过程中常见的问题，通过陈述讲解，使学生知道可以利用力的作用效果来判断力的存在。

射箭运动员用力拉箭，弓箭变形

撑竿跳运动员起跳瞬间利用自身所受重力使撑竿变形产生弹力

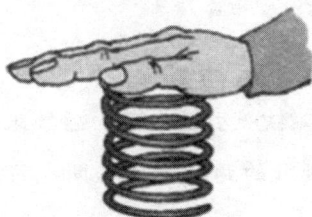

手压弹簧，手有什么感觉?

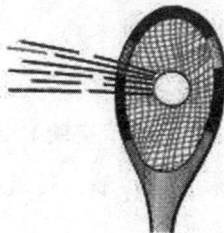

高速运动的网球作用于球拍，使球拍产生形变

图2-8　借助图片展示力的作用效果

2. 实验演示型

演示实验在初中物理教学中占有举足轻重的地位，能够促进学生理解物理概念和物理规律，培养学生的观察和实验技能。但在演示实验过程中，经常会发生学生不知道观察什么现象、观察到的现象无法准确清晰地表述出来、无法解释实验现象等情况。因此，在演示实验过程中，也要运用合适的教学策略，促进学生实现深度学习。

这就需要教师在教学设计中设计好问题，让学生带着问题进行实验观察，再对现象进行解释。这种教学方式是在承认学生具有前概念的前提下，认为教学过程是学生的认知被不断否定的过程。预测为学生前概念的自由表达提供平台，实验演示为学生的认知发生冲突提供机会，解释、讨论为实现学生的概念转变提供条件。

例如，在李春老师设计的"力"一课中，有这样的教学片段：

师：不直接接触的两个物体之间可能会有力的作用吗？

生：（杂乱的回答，有的认为有，有的认为没有。）

师：这里有一块玻璃板、一块磁铁和一枚曲别针，曲别针是铁制的。当把磁铁和曲别针靠近时，并没有接触，曲别针被磁铁吸引过来了。接下来用玻璃板将曲别针和磁铁隔开，曲别针还会被磁铁吸引过来吗？

生：（零星的回答）能。

师：（演示实验）曲别针依然被磁铁吸引过来了。磁铁跟曲别针并未直接接触，这就说明不直接接触的两个物体之间也可以有力的作用。

在以上教学片段中，李春老师根据学生往往认为的相互作用的两个物体一定要接触的前概念，利用演示实验，使学生知道了不直接接触的物体也可以存在力的作用，这样的简单演示很好地实现了学生概念的转变。

在初中物理深度学习活动中，应该创设有利于学生自由表达个人观点的环境，促进学生自主建构物理知识。所以，在实验演示型教学中，要设计好演示实验并充分利用演示实验，实现学生的前概念向科学概念的转变。

3. 实验探究型

《义务教育物理课程标准（2011 年版）》强调注重采用探究式的教学方法，让学生经历探究过程，学习科学方法，培养创新精神和实践能力。科学探究既是学生的学习目标，又是重要的教学方式。将科学探究列入课程内容，旨在让学生经历与科学工作者相似的探究过程，主动获取物理知识，领悟科学探究方法，发展科学探究能力，体验科学探究的乐趣，养成实事求是的科学态度和勇于创新的科学精神。科学探究涉及提出问题、猜想与假设、设计实验与制订计划、进行实验与收集证据、分析与论证、评估、交流与合作等要素。科学探究的形式是多种多样的，在学生的科学探究中，其探究过程可涉及所有的要素，也可只涉及部分要素。

在初中物理深度学习活动中，基于实验探究的深度学习也是一种重要的教学方式，其核心就是实验探究，重在让学生经历科学探究过程，自主构建结论。

在单元学习主题"探寻光的轨迹"中，北京市中关村中学任晓燕老师设计了"光的反射"一节，下面以此为例进行分析。

光的反射定律是本节课的教学重点，教师在这一环节运用了四个实验探究活动。其中，"法线"概念的建立是本节课教学的难点，虽然在课程标准中并未对法线概念提出明确要求，但在描述反射光线和入射光线的位置关系时，法线是一个关键的桥梁，因此，任老师设计了探究实验，引导学生自主建构法线的概念。教学片段如下：

师：反射光线和入射光线所在的平面与平面镜所在的平面，位置上有什么关系？【提出问题】

生：（齐声回答）垂直。

师：当然这都是同学们目测出来的，我们也可以用直角三角板进行粗略的测量，将直角三角板的一条直角边置于桌面上，另一条直角边在烧杯的外侧粗略地量一下。同学们来操作一下，看看反射光线与入射光线所在的平面是不是与平面镜所在的平面垂直。

生进行实验探究，132秒。【实验探究】

师：大家看到的都是垂直的。我们还可以用这样的一个纸板来表示一下。第一次实验中的入射光线和反射光线分别用绿线来表示，入射光线和反射光线共面，而且该平面与平面镜是垂直的；第二次实验中再用一个纸板，改变入射光线的方向，入射点保持不变，入射光线和反射光线都改变了，确定的平面也改变了，但仍然与平面镜是垂直的；第三次也是同样的结果。【形成结论】

师：通过上面的操作，我们用三块纸板分别表示了三次反射光线与入射光线所在的平面，现在把三块纸板都过入射点交叉在一起，这三块纸板就共有了一条线，而且这条线过入射点且始终与平面镜垂直，这条线就是法线。【总结评价】

在上述教学片段中，教师先利用问题引导学生猜想——入射光线和反射光线所在的平面与平面镜所在的平面关系，再由学生自主操作验证这一猜想。随后，利用自制的纸板模型，继续寻找共性规律。纸板模型能够帮助学生将头脑中的情境展现出来，将抽象的物理情境实物化、模型化、立体化，帮助得出法线的概念。虽然该探究实验并没有涉及七个探究要素，但在该过程中，学生在教师的引领下经历了猜想、实验验证和师生共同总结等思维过程。

4. 问题驱动型

在初中物理深度学习活动中，问题导向的深度学习是一种重要的学习形式，其核心就是"提出问题、解决问题"。按照布卢姆的教育目标分类学，可以将问题按照内容水平的高低分为以下六个水平。

（1）记忆型问题（A型）：该类问题是对已学的物理概念、物理规律的记忆，对常见的物理现象和生活经验的描述，以及对整节物理课学习内容的回忆。

（2）理解型问题（B型）：此类问题要求学生对物理概念的定义和物理意义、物理规律的内容进行归纳；通过对实物和实验的观察或操作，进行解释或推理。

（3）应用型问题（C型）：学生往往被要求运用学习过的物理概念、物理规律、物理方法解决相应的物理问题。

（4）分析型问题（D型）：将一个物理问题分为若干个子问题，再判断各个子问题之间的关系或联系。此类问题经常出现在探究活动的"提出猜想"环节，在对物理现象和物理实验数据的分析中也较为常见。

（5）评价型问题（E型）：评价的对象往往是若干种观点、实验方案或实验结论。物理评价型问题最大的特点就是要在评价的过程中运用相应的标准进行检验和评判。

（6）创造型问题（F型）：创造型问题是六种水平中最高的一种，要求学生在解决问题的过程中收集资料，并与已有的物理概念、物理规律建立联系，进行整合、再创造。

应用物理概念和物理规律解释日常生活中的物理现象是初中物理课堂中的重要内容。因此，教师应该在教学设计中重视对问题的设计，针对教学中的重点和难点设计相应的问题。此外，整节课的问题组的设计在兼顾层次性的同时，也要重视其深度的设计，这样才有利于学生物理观念的发展和物理思维的提升。

例如，在"质量"一课的教学中，天平左物右码的使用规则多数教师是直接介绍给学生，若采用"天平左物右码，右物左码，应该采用哪种方法？为什么？"这样的问题进行教学，效果更好。

另外，在提问的过程中，要重视学生的候答时间。对于思维水平较高的问题，就要运用更长的时间去描述物理情境，使学生有明确的思考方向，并且留给学生更多的思考时间，进行充分的思考和讨论，这样才有利于学生给出高质量的回答。

同时，创设情境要注重启发性，问题要有深度，给学生更多思考、讨论和交流的时间，给学生分别对各自的观点进行表述的机会，如此才更有利于学生进行深度学习。

下面以单元主题教学"探寻光的轨迹"中"光的反射"一节为例进行分析。

本节课中教师向学生提出了三个创造型问题：（1）怎样直观地呈现反射光路？（2）如何记录入射光线和反射光线的位置？（3）如何描述反射光线的位置？这些问题并不是学生能立刻给出答案的，因此教师设计了相应的子问题，以降低问题的难度。例如，对于问题（1），教师设计了如下子问题：

【问题1：怎样直观地呈现反射光路？】

介绍：激光笔的使用（注意提醒学生不要用激光笔对着眼睛）。

将平面镜放入盛有牛奶的大烧杯中，激光笔固定在铁架台的夹子上，照射牛奶中的平面镜。

子问题1：你看到了什么现象？

子问题2：一条入射光线有几条反射光线？

子问题3：当入射光线的方向变了，反射光线的位置发生变化了吗？

同时，在每个子问题提出后，教师都留给学生充足的时间进行分组讨论，表达自己的想法，鼓励多名学生发表观点，形成了良好的课堂氛围。这也是在进行初中物理深度学习过程中值得注意的一点，即使第一名回答问题的学生给出了正确答案，也可询问其他学生的想法，在确认没有异议时再进行下一环节的教学。鼓励学生表达不同的观点，即使是错误的或者不科学的，也是有意义的，因为这些错误的或者不科学的观点有可能是许多学生的共性问题，这样的回答往往才是最有价值的。

5. 任务驱动型

在初中物理深度学习教学活动中，也可以采用导学案的形式培养学生的归纳能力、问题解决能力，同时促进学生科学思维的发展。学生的思考并不一定是外显的行为，可以通过导学案使学生明确任务，促进学生独立思考，进行实验探究、表达交流等，使学生进行深度学习。

例如，北京市中关村中学王亚宁老师设计的"功率"一课，运用类比的方法，结合导学案的使用，引导学生建立功率的科学概念。

探究性学习活动3：

问题1：挖土机工作时对土做了功，在工期的限制下，你喜欢挖土机做功快还是做功慢？

问题2：如何比较做功的快慢？

探究性学习活动4：

演示：等重的纸片和纸团，纸片高举，纸团位置稍低，同时下落，重力做功不同，用时不同。

问题3：做功不同，时间不同，我们怎样量化做功的快慢？

探究性学习活动5：

学生运用类比方法，构建功率的定义。

导学案中设计了图2-9中的表格，让学生进行填写。学生在填写的过程中耗时长达7分半钟，说明学生进行了充分的思考。借助教师的巡视指导，达到了引导学生自主建构功率的科学定义的教学目的。为了巩固学生对功率的理解，在学案中设计了相应的题目，由学生自主思考作答后进行交流展示，实现了结论的应用。

二、怎样表示做功的快慢		
	运动快慢	做功快慢

图 2-9　怎样表示做功的快慢

在初中物理深度学习教学活动中，针对不同的任务内容，一定要使学生有充足的思考和表达时间，切忌为了追求教学的进度而忽略了学生的思考与表达。

（三）"深度学习"活动的课例分析

本部分选取了三个体现深度学习的课例进行分析，课例设计者均源自北京市中关村中学，其中包含两节概念课"力"和"功率"、一节规律课"光的反射"。之所以选择这三节课，是因为这三节课在教学设计中分别突出了问题驱动与演示实验、任务驱动、实验探究等教学方式的运用，供各位教师参考。

1. 以问题驱动型为主的深度学习活动课例分析——"力"

在本节课的教学设计中教师通过五个核心问题将本节课划分为五个模块，这五个问题分别是：感知生活中哪儿有力、怎样感知力的存在、什么是力、怎样认识力、怎样描述力。在教学过程中，围绕五个核心问题的解决展开教学过程，具体安排如表 2-4 所示。

表 2-4　课例"力"的教学中教学内容与时间分配

驱动性问题与环节	教学内容	时长（秒）
新课引入	学生活动：搬箱子	54
感知生活中哪儿有力	生活中的力	211
怎样感知力的存在	探究活动：利用实验室中的器材感知力	93+580
什么是力	1. 力是物体对物体的作用	53+109
	2. 力的单位	67
	3. 力的作用是相互的	89+154
怎样认识力	1. 不直接接触，也可能有力	118
	2. 判断力的存在依据	85+77
	3. 力能改变物体的运动方向	25+213
	4. 力能改变物体的速度大小	60
	5. 各种形变	187
怎样描述力	1. 作用点	89
	2. 方向	44
	3. 大小	98

　　本节课用到了讲授型、问题驱动型、实验演示型、实验探究型等多种教学方式。问题驱动型和实验探究型教学方式是本节课的主要特征。教师通过五个问题的引领，启发学生独立思考或进行小组讨论，之后再由教师进行讲解或者学生进行观点的表达。本节课的问题设计较有深度、思维跨度较大，有利于培养学生的问题意识和物理思维能力，教师还有意识地让学生通过实验探究过程自主建立科学的"力"的相关概念。

　　教师在"力"一课中设计的教学重点为力的概念、力的作用效果和力的三要素，教学难点为力的作用效果。

　　力的作用效果既是教学重点又是教学难点，在教学过程中花费近

13 分钟的时间。教师设计了玻璃板、磁铁、曲别针的演示实验来引发学生的思考（具体内容详见前文介绍）。

在之前的教学活动中，学生所见多为直接接触的两个物体之间有力的作用，教师此时提出一个驱动性问题"不直接接触的两个物体之间可能会有力的作用吗?"，在引发学生思考的同时，利用磁铁、曲别针和玻璃板进行了演示实验，说明了不直接接触的两个物体之间也可能有力的作用。这样就完成了"提出问题—展示实验—陈述讲解"的教学环节，同时也为后续的问题"如何判断力的存在"设置了情境。虽然该演示实验很常见，甚至学生在日常生活中也接触过，但是在大量的实验事实的基础上，让学生直接得出正确的结论并不容易。教师在此过程中强调了学生的认知冲突，使学生在观察演示实验的过程中实现概念的转变与建构，促进学生的深度学习。

在另一个教学重点"力的概念"教学中，在经过前期大约 4 分钟的学生自主探究实验后，教师通过对学生实验结果的总结，进一步借助问题引领，得出结论。教学片段如下:

师:大家刚才的探究实验进行得特别充分，感受到了力的存在。那什么是力呢?（停顿观察）【提出问题】

生 24 秒的思考。【独立思考】

师:物理学上把举、拉、敲、推、撞这些动词称为力的作用。【陈述讲解】

师:那么请大家找一下黑板上列出的这些作用有哪些共性，再根据这些共性思考如何形成力的概念。请大家思考一下。【提出问题】

生 14 秒的思考。【独立思考】

生甲:一个物体对另一个物体的作用。

师:那如果用归纳"作用"动词的方法，也用方框来描述呢?

生甲:将左边第一列用方框框起来，这就是一个物体;再将右边最后一列用方框框起来，这就是另一个物体。【表达陈述】

人 马 锤子 人 球	举 拉 敲 推 撞	杠铃 车 石头 箱子 墙

师：这样就发现左边的作用在右边上，这就是一个物体作用在另一个物体上。好，请坐，回答得非常好。【总结评价】

师：所以，力就是物体对物体的作用。【陈述讲解】

在这一教学片段中，以问题驱动为主，引发学生深入思考。力的概念对学生来说既熟悉又陌生，如何用科学的语言进行描述是教学的难点。教师先通过一个问题，引发了学生较长时间的思考，在观察学生并无积极回应的情况下，给出"作用"的科学概念，使学生的思维上了一个小台阶。之后再抛出两个子问题，给学生一定的独立思考时间，选择一名学生进行回答，从而归纳总结出力的描述性定义。

同样的，在"力的三要素"的教学过程中，教师也恰当地运用了问题驱动型教学方式，教学片段如下：

师：在认识了这么多力的情况下，应该如何来描述力？大家回想一下刚才做的实验，力的哪些方面不同才导致力的作用效果不同？怎样描述力，才能把不同的力区分开？【提出问题】

生18秒的思考。【独立思考】

师：这个小组的同学，刚才在做掰钢尺的实验时，有什么感觉还记得吗？【提出问题】

生甲：这样掰的话很轻松，那样掰的话很吃力（动作示意）。
【表达陈述】

师：你能用实物给大家再解释一下吗？

生甲操作。

师：这就说明力的效果与手用力的位置有关。在尺子的两端用力，会很轻松地将尺子掰弯；但是如果将两个手指放在尺子的中间，就很难掰弯钢尺。说明力的作用效果与用力的点有关系。同样，走进教室和离开教室时，开门和关门是使门的运动方向不同，用力的方向也不同。【总结评价】

师：这样，描述力的时候，力作用的位置、力的方向是能够将不同的力区分开的，这就是力的两个要素：作用点和方向。【陈述讲解】

在上述三个问题驱动型教学案例中，有深度、有思考价值的问题是其主要特点，但同样也存在着一些不足：三个案例中均由学生进行了 20 秒左右的独立思考，由于问题的思考水平较高，所以可以给学生更充足的讨论时间，并安排适当的小组讨论，使学生的科学思维能够在讨论中得到激发、碰撞。

2. 任务驱动型为主的"深度学习"活动课例分析——"功率"

在"功率"这节课中，认识做功有快慢、比较做功的快慢、功率的测量是三个主要的教学内容。在这三部分内容的教学过程中，教师运用了问题驱动型、实验探究型和任务驱动型等主要教学方式开展教学，教学内容及相应的教学方式如表 2-5 所示。

表 2-5　课例"功率"的教学安排

教学内容	教学方式	时长（秒）
新课引入	图片：马车和空载的货车	46
认识做功有快慢	如何比较物体运动的快慢	46
	对生活中其他现象比较快慢的方法	122
	演示实验：同一高度下落的纸片和纸团哪个做功快？	69
	实例：在工期限制下，选哪辆挖土机	67

续表

教学内容	教学方式	时长（秒）
比较做功的快慢	问题：如何表示做功的快慢？	180
	任务：运用类比方法，构建功率的定义	547
	任务：图片中的现象，按功率大小排序	91
	任务：利用科普材料，完成相应的问题	388
功率的测量	短文：《运动与健康》	58
	设计测量跳台阶功率的方案	241
	累加法测时间	51
	学生活动：两个小组跳台阶比赛	265
	任务：计算两个小组跳台阶的功率	224

在"新课引入"和"认识做功有快慢"教学环节中，教师为了让学生认识到生活中的各种现象中存在着做功快慢不同，利用了图片和演示实验，并运用问题驱动型教学方式，让学生充分感知，为后面建构"功率"的科学概念奠定了基础。

"功率"的定义和物理意义是本节课的教学重点与难点，在这一部分的教学中教师运用了问题驱动型和任务驱动型教学方式完成相应的教学活动，其中最核心的部分是"任务：运用类比方法，构建功率的定义"。

在学生已经掌握了比较做功快慢的方法后，教师并没有直接给出功率的定义，而是结合一个任务，利用任务驱动型教学方式由学生自主建构功率的概念。教学片段如下所示：

师：现在请大家填写学案里表格中的其余部分。【明确任务】

生独立思考、书写计算，444秒。【独立思考】

师：大家请看黑板上张同学所填的表格。大家用了充足的时

间来思考这个问题①，应该都有些思想上的矛盾，我们一起来讨论一下。请张同学来讲解一下表格中填写的内容。【思考讨论】

生甲：速度的定义就是单位时间内通过的路程，公式是 $v = s/t$，速度的单位就是米/秒。做功快慢，就用单位时间内做功的多少来描述，公式就应该是 $P = W/t$，单位就应该是焦耳/秒。【表达交流】

师：刚才也看到大家都在努力运用迁移的方法，将表示运动快慢的方法用来描述做功的快慢。既然路程除以时间能够表示运动的快慢，那么用功除以时间表达的就是做功的快慢。【总结评价】

在这个教学环节中，教师给予学生近 7 分半钟的时间对功率的概念进行自主构建，其方法是通过对速度概念构建方法的迁移来构建功率的概念。初中物理深度学习强调运用分析、综合、归纳、演绎、类比、控制变量等方法进行科学推理，解释自然现象和解决实际问题。速度是学生在中学阶段非常熟悉的物理概念之一，功率与其相类似，都是用比值定义法进行定义的，两者具有相似的情境。美国心理学家桑代克认为："只有在原先的学习情境与新的学习情境有相同要素时，原先的学习才有可能迁移到新的学习中去。"因此，利用这种教学方式是有益于学生进行深度学习的。

本节课的最大特点是任务驱动型教学方式的使用，累计耗时近 25 分钟。而任务驱动序列内容载体的最主要形式就是导学案。本节课教师在导学案中设计了三部分内容：

（1）类比速度的定义方法，对做功的快慢进行定义；

（2）阅读科普短文《挖土机的功率》，利用其中的数据，完成相应问题的计算；

（3）根据科普短文《运动与健康》，利用教室内讲台的台阶，设

---

① 见下文对导学案内容的介绍。——编者注

计测量学生上台阶的功率的实验方案，并实施和计算。

应该在对学情、课程标准和教材内容充分了解和分析的基础上，从学生的角度设计学案。在实施学案教学的过程中，学生在教师的引导下完成对一系列问题的探索、要点强化等学习活动。在学案的设计中，应注重将学习内容处理成按照学生的认知规律有序分布。本节课学案中的三个主要部分，按照"功率概念的建构—功率的相关计算—功率的测量"进行编排，对功率这个物理概念的理解和应用逐渐深入，并且任务的难度也逐级递增，是符合学生的认知规律的，使学生在解决任务的过程中物理观念和科学思维都得到相应的发展。

3. 以实验探究型为主的深度学习活动课例分析——"光的反射"

在"光的反射"一课的教学设计中，教师用三个大问题将整节课划分为三个部分：(1) 如何看见反射光线的位置；(2) 如何记录入射光线和反射光线的位置；(3) 如何描述反射光线的位置。本节课中安排了六次学生探究实验，学生进行了大量的动手操作。由于学生探究得比较充分，因此在实验后可以顺利地总结出相应的结论。

表 2-6 列出了"光的反射"一课的教学安排。

表 2-6　课例"光的反射"的教学安排

教学环节	教学内容	时长（秒）
新课引入	"打地鼠"游戏	122
如何看见反射光线的位置	光的反射的定义	63
	探究：怎样直观地呈现反射光路？	149
如何记录入射光线和反射光线的位置	探究：如何记录入射光线和反射光线的位置？	66
	画图记录入射光线和反射光线的位置	105
	入射光线、入射点、反射光线的定义	129

续表

教学环节	教学内容	时长（秒）
	探究：怎样记录反射光线的位置？	198
	演示实验：反射光线与入射光线在同一平面内	109
	探究：反射光线和入射光线所在平面与镜面垂直	170
	利用三块纸板交叉总结得出"法线"的概念	76+69
如何描述反射光线的位置	探究：三线共面，入射光线和反射光线分居法线两侧	208
	结论：三线共面，入射光线和反射光线分居法线两侧	94+15
	演示实验：反射角与入射角	78
	探究：反射角与入射角的关系	400
	例题及相应的演示实验	152

从表 2-6 中可以看出，本节课中的物理教学方式以实验探究型为主，共计出现六次，总耗时 1191 秒，约 20 分钟，在整节课的总时长中达到了 50%。

首先，教师利用制作的幻灯片动画，引导学生参与到"打地鼠"的游戏中来，从而激发学生的兴趣和求知欲，顺利地引出本节课课题。利用两个有针对性的思考题"怎样直观地呈现反射光路"和"如何记录入射光线和反射光线的位置"，让学生通过自己动手实验，对光的反射现象进行初步体验，并解决相关的问题。

光的反射定律是本节课的教学重点，教师在这一环节运用了四个探究实验开展教学活动。法线概念的建立是本节课的教学难点，虽然课程标准中并未提出对法线概念的明确要求，但在描述反射光线和入射光线的位置关系时，法线是一个关键的桥梁，因此，教师设计了探究实验，引导学生自主建构法线的概念。

在得出了反射光线和入射光线的位置关系描述后，光的反射定律中的反射角与入射角的定量关系是教师关注的另一个问题。教师从反射光线唯一性的角度入手，引发学生的思考，并利用模型进行相应的演示。学生通过将演示实验中的现象与上一环节中的实验现象进行对比，得出了角度在描述反射光线与入射光线位置关系时的重要性，教师进而完成了入射角和反射角的概念教学。在这个教学片段中渗透了"预测—演示—观察"的教学策略，在问题中激发学生的思考，在实验中解决学生的疑惑，是能够促进学生进行深度学习的。

四、开展持续性评价

初中物理深度学习的持续性评价的核心是对学生在课堂中的表现进行评价，包括：学生是否基于实际情境提出了有价值的物理问题？学生的物理知识是否是其自主构建、自然形成的？学生是否从初始状态达到了目标状态？学生是否得到了多方面的发展？这些问题的答案都需要通过评价来完成。评价应覆盖到每一个教学任务或教学活动中的学生表现，可以通过适时、适当的评价来获取证据，并通过及时反馈与调整来促进有效教学。评价的方式可以是多种多样的，既可以是师生对话、交流的方式，也可以采用学案的方式，包括观测、测试、作业等手段。评价的目的在于帮助教师改进教学，更好地促进学生的发展。运用表现性评价和形成性评价可以较好地实现对深度学习的持续性评价。

（一）表现性评价

表现性评价是由美国评价专家斯蒂金斯提出的。他认为，表现性评价是测量学习者利用先前获得的知识解决新异问题或完成特定任务能力的一系列尝试，评定者按照一定的标准进行直接的观察、评判。其形式主要包括建构式反应题、书面报告、作文、演说、操作、实验、资料收集、作品展示等。

深度学习的表现性评价首先要根据深度学习目标确定评价目标，再依据每个教学任务或教学环节中所承载的内容进行评价指标的细化，最后再对每个评价指标进行赋值，这样就形成了深度学习活动的表现性评价量表。"力"一节课的评价量表如表 2-7 所示。

表 2-7 "力"深度学习活动评价量表

学习活动	评价方式	评价标准	学生表现分值	学生自评	学生互评	教师评价
搬东西	非正式评价自评	能体验并说出搬东西需要用力	2			
感知生活中哪儿有力	教师评价	能列举出重力、弹力、摩擦力、电磁力等	10			
实验室设计和感知生活中存在各种力	教师评价学生互评	1. 充分利用器材，积极参与实验 2. 准确观察实验现象 3. 清楚描述实验现象	15			
分析归纳形成力的概念	教师评价学生自评学生互评	1. 充分利用上一环节的探究实验结果 2. 能总结出力的产生需要两个物体 3. 能总结出物体间施加力的相互性	18			
探究力的作用效果	教师评价	1. 能够通过力的作用效果不同来得知力的不同 2. 能总结出力能使物体发生形变 3. 能总结出力能改变物体的运动状态	20			

续表

学习活动	评价方式	评价标准	学生表现分值	学生自评	学生互评	教师评价
力的三要素	教师评价 学生自评	1. 能总结出力的大小影响力的作用效果 2. 能总结出力的方向影响力的作用效果 3. 能总结出力的作用点影响力的作用效果 4. 实验操作规范,现象明显	20			
实验:人臂站鸟	教师评价 学生自评	1. 能够分析出在人的胳膊向下放的过程中,人与鸟之间没有力的作用 2. 能够分析出鸟没有受到力的作用,所以运动状态无法改变	15			

（二）持续性评价

持续性评价是相对于传统的终结性评价而言的。初中物理深度学习中的持续性评价是在教师教学和学生学习的过程中,为了调节和改进物理教学活动、引导物理教学过程正确高效地前进而对学生学习结果和教师教育效果采取的评价,是为了了解学生的物理学习情况,及时发现物理教学中的问题而进行的评价,是对学生日常学习过程中的表现,取得的成绩以及反映出的情感、态度、策略等方面的发展做出的评价,是基于对学生学习全过程的持续观察、记录、反思而做出的发展性评价。

通过持续性评价,教师可随时调整教学计划,改进教学方法,调整、改进教学活动。同时,通过持续性评价激励学生学习,帮助学生有效调控自己的学习过程,使学生获得成就感,增强自信心。

持续性评价不仅关注一堂课，更关注学习单元，可从评价目标、评价内容、评价方式等几个方面予以考虑。首先确立评价目标和评价标准，评价目标关注学生在课堂上学什么，评价标准确定了学生怎么学，二者是学生的学习指南。在确立了评价目标和评价标准之后，可以结合评价内容使用各种方式（如前测、后测、预设问题、观察学习活动等）获得有关学习证据，解释证据，确定差距，给予反馈，调整教学以适应学生的学习需求，帮助学生缩小与学习目标之间的差距。同时，评价学生学得怎么样：学生理解了什么、哪些概念理解错误、掌握或尚未掌握哪些知识、获得或还未获得哪些技能等。在学习的过程中，学生也可以根据评价标准来调整学习策略，以达成学习目标。

如在"探寻光的轨迹"学习单元中，该单元评价的重点是诊断学生对光的传播规律的认识，判断学生是否能够构建物理模型、是否通过探究理解了光的传播规律等内容，采取了对生活现象进行解释及前、后测等方式进行持续性评价。详见后面的案例说明。

持续性评价是长期的、持久性的评价，是在整个物理教学过程中，对学生所表现出的情感、态度、能力和学习策略，掌握知识和学习内容的水平及表现出的发展潜能所进行的综合性评价。评价应贯穿整个物理教学过程中，在不同阶段、不同层次，全面、真实地对学生进行评价，可避免终结性评价的偶然性和随机性。

第三章

初中物理深度学习的实施策略

深度学习教学改进项目特别强调教师在教学实践中去认识、去理解、去反思和提炼①。

第一节　教师怎样实施初中物理深度学习

深度学习强调以任务和问题解决为依托组织教学内容，以学生为主体开展教学活动，以多样化的问题解决策略展示学习成果。这些典型特征要求教师熟悉单元主题教学，具有跨学科的综合问题解决能力、团队合作的精神和创设学习情境的能力，需要对自身在教学过程中的角色进行重新定位，教师不再仅是知识的传授者，更应成为活动开展的组织者、引导者、咨询者和评价者。

一、利用真实情境实施深度学习

深度学习强调联想与结构、活动与体验、本质与变式、迁移与应用、价值与评价这五个特征的实现，这些都需要创设真实的情境进行教学，将学习内容和真实生活关联起来，制造认知冲突，挑战学生的认知方式。凡是针对学生认知障碍、有利于学生厘清认识思路的素材都是好的素材。

（一）概念的建立，需要利用真实的现实情境

利用真实的、有价值的现实情境，让学生经历对感知的情境进行概括和抽象的过程，使学生像研究者一样建立自己的知识结构。物理概念是客观事物关于物理的共同属性和本质特征在人们头脑中的反映，是客观事物的抽象。物理概念教学首先应创设真实的情境，使学生获得感知，以便概括和抽象出物理概念的共同属性和本质特征。如在建

---

① 李春密. 强化实践策略　促成教学改进［N］. 中国教育报，2017-05-31（9）.

立压强的概念时，就可以通过男女在沙滩上散步留下的脚印不同、把砖的不同侧面放在海绵块上压陷不同等真实情境进行教学。

（二）物理规律的探究，需要创设真实的问题情境

学生从情境中发现和提炼出探究问题，对情境中问题的可能答案做出假设，并根据问题情境，运用已有知识制订探究计划，选择符合情境要求的实验装置和器材进行实验，获取客观、真实的实验数据，通过对数据的科学分析形成关于物理规律的结论。例如"流体压强与流速的关系"教学，就可以通过飞机的特征引出飞机升力模型。通过一系列的有趣实验，使学生产生飞机为什么能够飞起来等问题，并通过探究最终得出流体压强与流速的关系。

（三）应用物理知识解决具体问题，必须结合真实的实践情境

运用物理知识解决实际问题能力的高低，往往取决于学生把情境与知识相关联的水平，即能否把问题中的实践情境转化为解决问题的物理条件。

二、基于实验探究实施深度学习

深度学习的重要方式之一就是基于实验探究的学习。物理实验是初中物理教学中的重要内容，物理实验中的探究性活动在培养学生的科学思维、探究能力、科学态度方面具有特殊的地位。

应发掘实验在培养学生发现和提出问题能力方面的功能。可在一些物理实验中创设某种情境，让学生在观察和体验后有所发现、有所联想，萌发出科学问题。还可在实验中创设一些任务，让学生在完成任务中运用科学思维，自己提炼出应探究的科学问题。

要通过实验提高学生制订探究计划的能力。让学生学会把探究的关键问题分解为几个相对独立的小问题，思考解决每个问题的多

种方法，根据现实条件选择有关方法形成探究方案；学会从原理、器材、信息收集技术、信息处理方法等方面来构思探究计划；学会通过查询相关资料来完善探究计划。教学中应尽量为学生提供制订探究计划的机会。

在收集信息时，要避免让学生按教师或教材的既定步骤"照方抓药"，进行"虚假探究"。要注意培养学生客观务实的思维品质，不要只把注意力集中在与探究假设相符的物理事实上，同样需要观察和收集那些与预期结果相矛盾的信息。在分析、处理信息时，应让学生依照物理事实运用逻辑判断来确定物理量之间的因果关系，树立把物理事实作为证据的观念，形成根据证据、逻辑和现有知识进行科学解释的思维方法。

关于科学探究的交流和表达，应让学生从以下两个方面关注表达能力的提高：一是交流内容的组织，包括关键问题的提出、探究计划框架、信息收集过程和数据整理、基本论点及其解释、存在的问题和新发现等，应学会根据问题特点有所侧重；二是陈述的形式，包括文字、表格、图像、公式、插图等，学会根据内容选择恰当的形式进行交流。在此基础上，教学中要给学生提供当众交流的机会，让学生准备有条理的讲稿，并进行简洁和富有逻辑的发言。

应通过实验让学生体会科学研究中合作的必要性，除了在本实验小组范围内进行分工合作之外，还可设计一些实验方案，让不同的实验小组完成同类操作，实现各小组之间的实验数据共享，感受合作在获取大数据中的价值，增强学生的合作意识。

实验室是培养学生科学态度和严谨作风的场所，教师应培养学生对实验严肃认真的态度，对实验结果实事求是，杜绝编造和修改实验数据，并把实事求是的作风带到平时的学习和生活中去。

三、基于问题解决实施深度学习

问题解决是深度学习的重要内容，应引导学生观察周围的自然现象，用物理概念和原理认识并解释生活中的事物；思考大众传媒信息中的科学性，分析科学在回应社会热点问题中的作用；根据所学的物理知识审视日常行为的合理性，对不合理的因素进行质疑并提出富有创造性的建议；运用物理知识和方法改进、创制自己常用的工具和器具；等等。让学生在各式各样的问题解决中发展核心素养。

在常规教学中，教师往往习惯直接给学生讲授问题的解决方法，导致教师在学习时代替学生解决问题。实施深度学习要有好的驱动任务。教师要能够设计出有价值的学习任务，让学生亲历问题解决过程，充分体现学生解决问题的自主性。要让学生先设计问题解决的路径，可以通过头脑风暴方式，让学生充分交流自己的想法。通常学生的想法比较具体、发散，教师需要对其进行总结提炼，不能急于求成，要按照研究问题的逻辑，将想要研究的问题安排在教师所设计的任务中。

解决问题的过程就是建构新知识、新认识并创生新意义的过程，使学生在物理思维、探究能力、实践意识等方面得到有效提升。在这种目的下，问题解决的效果不再局限于解答同类情境问题，而是让学生与情境（任务、真实问题）持续互动，在理解中应用，在应用中理解、建构新的认识，形成新的思路。因此，重要的是学生要有经历和体悟，全面提高解决问题的能力。

在表现性评价中，通过完成一件真实的任务，可体现学生在物理课程中的学习态度、科学思维、实践意识和创新精神，以弥补纸笔测验对物理学科某些核心素养评价的不足。初中物理教学中除了纸笔测验之外，还应通过实验操作、学习档案记录等方式评价学生核心素养的发展水平。

四、基于过程技能指导实施深度学习

实施深度学习，要有好的学习活动作为支撑，学生通过思考、研讨、探究，概括、分析、解释，预测、设计、评价、建构模型等过程，主动、深度地参与课堂，独立或者合作完成具体的任务。在深度学习课堂上，学生是主动学习者，有分析预测、设计方案、动手实践、评价、质疑、表达观点等行为，有一定的思维容量，并可以进一步发展思维能力。

在学习过程中学生需要分工合作、交流表达等。学生往往在查阅资料、资料加工以及合作等方面存在问题。例如，学生常常仅通过互联网检索信息，对信息只是简单地复制粘贴；在小组合作过程中，没有进行合理分工，有些学生作为旁观者，没有参与到小组活动中，主动承担小组责任和义务意识薄弱。

教师需要有计划地引导，如通过导学案等对学生的表现进行评价，课上及时进行反馈，让学生了解他们的优势和不足，引导学生及时改进。关于学生查阅资料技能的培养，教师应对学生进行相关培训，示范合适的行为和信息检索策略，如当浏览一个有很多信息的网站时，只记录项目需要的信息，可以浏览副标题，跳过那些无用标题所对应的内容，也可以通过阅读每段内容的第一句话，快速了解主要内容等。对于初中生来说，在阅读和合作方面需要教师给予特别的关注和指导。

五、教师需要养成实施深度学习的教学观念和教学行为

在实施深度学习教学时，教师已有的教学行为和习惯可能会干扰深度学习更好地开展，会在一定程度上影响实施效果。因此，教师想要更好地实施深度学习，就要改变传统的教学理念和行为，使深度学习理念和与之对应的教学方式逐渐成为设计和实施教学的习惯，逐渐

改变教学行为。

教师的教学行为要有利于学生深度参与学习，有利于兼顾学生的个体差异和发展需求。如连续追问、证据反驳、思路外显、教练指导、支架搭设、引导启发等都可以使学生被触动、被激发，促进深度学习的发生。

第二节 教研如何保障初中物理深度学习的实施

基于深度学习的教学改进是指向学生核心素养发展的教学改进，深度学习的实施与有效开展既需要优秀的教师，也需要课程实施的配套资源。教师的专业发展、课程资源的开发与设计等，单靠教师个人的努力是有相当大的难度的，需要团队教研的力量来共同研究与实践。教研活动是教师专业发展的重要途径，也是解决教育教学中的实际问题、促进学生深度学习、推进课堂教学改革的重要保障。

一、区域教研系统规划推动深度学习教学实践的进程

深度学习教学改进是一个系统的改进和优化，需要有序地开展和推进，这就要发挥教研机制研究、指导和服务的功能，同时发挥区域教研的组织、管理职能，做好系统地推进深度学习教学实践进程的规划，引领深度学习的开展。这个进程主要可以划分为如下四个阶段：

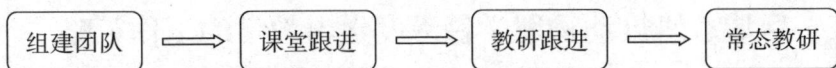

组建团队 ⟹ 课堂跟进 ⟹ 教研跟进 ⟹ 常态教研

第一个阶段：建立核心团队，并确定实验校基地，作为研究实践的先行者，通过他们的研究积累经验。此外，在初始阶段，教师对深度学习的概念可能还没有清楚的认识，需要通过专题培训，让教师能初步了解为什么要推进深度学习、什么是深度学习、如何判断学生是

否发生了深度学习等教学基本问题，并引导教师聚焦学生核心素养的发展、物理学科的课程育人价值来思考这些问题。在进行专题培训的同时，核心团队可以初步研发深度学习的课堂样例。

第二个阶段：在上一阶段课堂样例研发的基础上，核心团队要跟进课堂教学实践，进一步通过案例打磨、实践和修改形成典型案例。在这个过程中围绕深度学习实践模型的四个要素，研究如何将深度学习教学理念落实在教学设计中，并转化为教学行为落实在课堂教学中，实现学生的深度学习。

第三个阶段：区域教研整体推进，以典型案例分享的形式，对深度学习教学改进进行引领和指导。在全面推进阶段，通过典型案例的分享使教师较直接地感知深度学习课堂呈现的理想样态，也能够使教师快速地认同开展深度学习的教学改进价值，并且给教师提供可操作性的实践经验。

第四个阶段：区域教研以深度学习为主题，将深度学习的教育理念与教学实践途径和策略渗透到日常的教研活动和课堂教学活动中，实现教师的深度教研，带给学生深度学习。

区域教研对深度学习的推动机制，引领教师从了解深度学习所体现的教育理念到认可其教学改进的实践模型，再到实践深度学习教学改进的思路，层层递进，并在此过程中共同探索、梳理和提炼深度学习实施的策略。

二、区域教研推动物理学科深度学习教学的工作策略

1. 构建教师研修共同体

推动学生深度学习的过程，也是教师深度学习的过程，构建教师研修共同体是促进教师理解和实践深度学习教学改进的一种有效途径。可以由学科专家、教研员及一线教师联合组成研修共同体，以教学案

例为抓手，共同研讨解决遇到的问题，成员之间在互相支撑、依伴与合作中对深度学习不断学习与理解，获得深度学习教学设计与实施的策略和经验。同时，也通过共同体的建设，使不同层次、不同背景、不同专长的各位教师都得到长足的进步，最大限度地推动他们的专业化发展。

2. 系统开展主题教研活动

深度学习教学改进实践模型提出了深度学习的四个要素：单元学习主题、单元学习目标、单元学习活动、持续性评价。教师对这四个要素的理解与设计，是深度学习的保障。

主题教研活动，可以某个教学内容主题为载体，围绕深度学习的某个要素来开展，如开展"如何确定单元学习主题""如何确定深度学习目标""如何设计深度学习中的挑战性活动"以及"如何设计持续性评价"等主题教研活动。活动的形式可以是专家讲座，也可以借助工作坊通过活动、讨论等多种方式，共同探讨这个话题。

例如，在确定"光现象"这个案例的单元主题时，就采用了工作坊的形式。教师们在理论学习的基础上，先以小组的形式尝试确定单元学习主题，接着进行展示，小组互评，再邀请专家进行点评，然后各小组再进行修正和完善。从操作内容上看，教研活动主要先针对单元的知识结构、所涉及的学科思想方法、教学内容在培养学生关键能力和必备品格方面的育人价值等进行分析和梳理，各小组再凝练出不同的单元学习主题，如"我们的眼睛是如何看到五彩缤纷的世界的""奇妙的光现象""探寻光的传播路径"等。针对这些不同的主题，再进一步集体研讨以这些主题统领的教学是否有利于学生构建知识结构和解决问题，学生在解决问题的过程中是否能够获得发展，是否获得了解决一类问题的方法和经验等。经过这样的主题教研活动，最后确定这一个单元的主题为"探寻光的轨迹"。

系统设计的主题研修活动，可以解决教师在基于深度学习四个要素进行教学设计与实施中不可避免的一系列问题，如"怎样设计对学生有意义的主题？""怎样设计指向学科育人的单元学习目标？""怎样使知识更系统化、结构化？""怎样实现课时之间的重组与重构？""怎样让学生持续地全身心投入教学活动？"等。这样的教研活动，针对性强，有助于教师对具体要素的理解和把握。

3. 打造典型案例引领深度学习开展

对深度学习教学改进而言，在教师们刚接触这一概念时，往往会感觉很抽象，即使有几个要素的引导，仍感觉无从入手，在这种情况下，教师们最容易接受的就是教学示范，因此，案例分享是一种非常有效的活动形式。在深度学习推进初期，教研员应该与核心团队成员及实验基地校教师一起进行案例的设计、打磨，形成一批有代表性的典型案例。在案例打磨、实施、研讨、完善的过程中，案例设计者会逐渐理解具体的设计思路，逐步体会实施过程中的操作要点，并逐渐梳理提炼出设计与实施的策略。

任何学习的过程都是从认识到模仿，再到自主实践的。深度学习教学改进的推动也是按照这样的过程来开展，典型案例的分享让教师们接受并且快速形成可操作的策略。在教师能够模仿现有案例并能实现一些微创新的时候，再进一步推动教师们自主开发设计教学案例。这是一个循序渐进的过程，这样的过程既避免了盲目推进给教学带来的不可控、不利因素，也有效地通过案例引领了区域整体推进深度学习。

4. 搭建交流平台促进教师深度参与

深度学习的关键特征，从学生表现来讲体现在学生高度参与了具有挑战性的任务，深度地思考，内化情感形成了积极的学习动机。教师参与深度学习教学改进项目同样是个"深度学习"的过程，在深度学习教学改进案例研发活动中，教师是主体，开发案例、实践内化就是挑战性的任务，因此，教研就要给参与教学改进的教师搭建有效的交流、分享的平台，从而让教师们积极主动地参与进来。研究课、说课、经验交流等是区域教研活动的重要形式，区域教研定期开展这些形式的交流，可以调动教师们的主动性，让他们高度参与，并分享设计思路和经验，从而有效推动深度学习教学改进项目。

5. 系统开发课程资源

实现深度学习，需要有好的情境素材，将学习内容和真实生活关联起来，造成学生的认知冲突，挑战学生的认识角度；需要有好的驱动任务、有价值的学习任务；需要有好的学习活动，让学生在活动中思考、研讨、探究，分析、解释，预测等。也就是说，要有丰富的课程资源和学习资源，才能真正改进教与学的方式，才能让深度学习真实发生。没有真实的问题情境，没有问题驱动，没有丰富的学习资源做铺垫，开展深度学习是有困难的。但课程资源的开发与积累是一个大的工程，教师单独开发资源，甚至是以学校教研组为单位开发资源都有着不小的工作量，区域教研可以组织区域内教师分工开发和积累素材，这样不仅能够减轻教师的负担，也有利于系统开发与积累，为深度学习的顺利开展提供保障。

第四章

初中物理深度学习的教学案例

本章所选取的案例来自"深度学习教学改进项目"中关村中学的三个教学案例，即任晓燕老师设计和实施的案例"探寻光的轨迹"、李春老师设计和实施的案例"力，你真的熟悉吗?"、杨雪娇老师设计和实施的案例"劳苦，一定功高吗?"。

案例一

"探寻光的轨迹"——光现象

> 授课年级：八年级
>
> 单元总课时：三课时
>
> 设计者：任晓燕
>
> 执教者：任晓燕

◉ 单元学习主题

1. 主题名称

"探寻光的轨迹"——光现象

2. 主题的解读

在《义务教育物理课程标准（2011 年版）》中，"光"属于一级主题"运动和相互作用"之下。光现象与学生生活联系紧密，光如何传播是几何光学的核心问题。选择这个主题，一是能够较好地突出实验探究的教学功能和价值，让学生在真实问题解决的过程中提升科学探究能力及科学思维水平；二是丰富学生对运动形式的认识，对光的传播形成初步认识。

该教学内容属于《物理》教材八年级上册"光现象"主题，该单元的学习为三课时。其核心内容是光的三个规律：光沿直线传播的规律、光的反射定律、光的折射规律，各一课时。这三个规律的本质体现了光的传播规律。课程标准关于该主题的学习要求是：通过实验，探究并了解光的反射定律，探究并了解光的折射现象及其特点。课程标准简洁地表达了两个方面的内容：一是对知识内容的要求，二是对学习方式的建议，也就是要求学生通过实验探究的方式来学习这部分内容。

依据教材内容和课程标准要求，该部分内容在提升学生物理学科核心素养方面有以下表现：一是丰富学生对运动和相互作用的形式与内涵的认识，二是突出科学探究素养，三是通过在空间确定一条光线的探究过程发展学生的科学思维。因此，在确定主题时，既考虑内容本质"规律"，又考虑学习方式"探究"，在此过程中重点突出"科学探究和科学思维"。

通过对课程标准、教材、教学内容的分析，依据物理学的本质，光现象的三个规律实际是依据研究对象的不断复杂而不断深入的，即在同种均匀介质中光沿直线传播、在两种介质交界面上光发生反射现象、在从第一种介质进入到第二种介质中光发生折射现象，其实就是在探究光的轨迹，因此将本单元的主题确定为"探寻光的轨迹"。这个主题能够涵盖本单元要解决的核心问题，也能表达出学习的路径。

"探寻光的轨迹"单元学习主题需要学生在教师的指导下以小组合作的方式，通过实验探究、交流思辨等活动，形成自己的研究成果，找寻光传播的规律，并且以前测后测、小制作、体验作业等形式作为持续性评价的主要依据。

◉ **单元学习目标**

1. 目标确定

《义务教育物理课程标准（2011年版）》指出："义务教育物理课程应当让学生通过观察、操作、体验等方式，经历科学探究过程，认识物理概念和规律，学习科学方法，树立正确的世界观。"对于"光现象"这一教学单元，给出的样例和科学活动如下：

2.3.3 通过实验，探究并了解光的反射定律，探究并了解光的折射现象及其特点。

根据课程标准要求，结合单元学习主题，我们从三个方面提出了"光现象"的单元学习目标。这三个学习目标指向对学生物理观念、科学探究、科学思维和科学态度与责任四个方面核心素养的培养。

期望学生在"光现象"单元学习主题学习完成之后，获得的学习结果既包括反映物理学科本质的科学观念和思想方法，又蕴含促进学生深度理解和灵活应用的知识、技能、策略和情感、态度与价值观。

2. 学习目标

（1）了解光在同种均匀介质中沿直线传播的规律、反射定律、折射现象及其特点。能解释日常生活中相关的光现象，如日食、月食、美丽的倒影及海市蜃楼等。（物理学科核心素养——物理观念、科学探究）

（2）通过光的直线传播、光的反射实验探究及光的折射实验探究的学习过程，学习研究几何光学的思路和方法，其核心就是光路的分析和确定，发展有针对性的观察能力、基于现象的分析能力、基于证据的总结能力。（物理学科核心素养——科学探究、科学思维）

（3）通过对日食、月食、海市蜃楼等自然现象的解释，体会知识的应用价值；通过密切联系实际，激发好奇心和保持良好的求知欲，并树立将科学技术应用于日常生活和服务社会的意识；通过探究的过程，培养科学思维和科学态度。（物理学科核心素养——科学探究、科学思维、科学态度与责任）。

◉ **单元学习活动**

"光现象"单元教学共包括三课时，每课时的内容主题及关联如下所示。

第一课时

光的传播。由日常生活中光沿直线传播的实例引出如何呈现光线的问题，进一步探究光沿直线传播的条件及应用。（评价：由自然现象生成物理问题，建立模型，形成规律。）

⟹

第二课时

光的反射。由反射现象引出如何呈现反射光路，进一步探究光反射的规律及应用。（评价：对光的反射规律的认识过程呈现的研究思路和研究方法。）

⟹

第三课时

光的折射。提出光的折射现象，通过实验探究描述折射光线的位置及折射特点的应用。（评价：认识光的折射规律——探究思路和研究方法的迁移应用。）

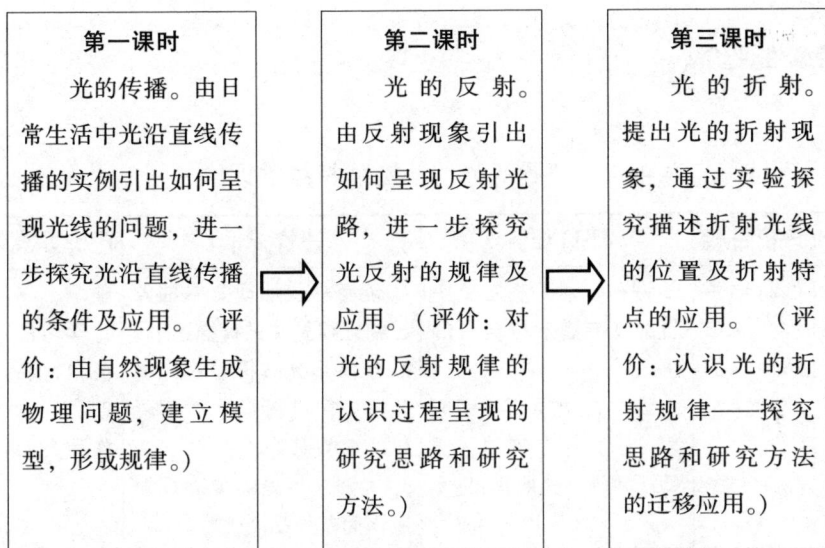

详细的单元学习规划见表4-1。

表4-1 "光现象"单元学习规划

课时	学习目标	学习内容	学习活动	学习资源
第一课时	认识光的直线传播规律及其应用。	探究光沿直线传播的条件。	动手实验探究光在果冻、牛奶、水雾中的传播路径，观察光在不均匀浓盐水中的传播路径。	激光笔、果冻、牛奶、水雾瓶、浓盐水等。
第二课时	理解光的反射定律及其在生活中的应用。	探究光的反射定律，了解光的反射在生活中的应用。	动手设计如何描述光在牛奶中发生反射的光路情况，学习生活中的反射现象。	激光笔、牛奶、塑料泡沫、毛衣针、反射现象图片等。
第三课时	了解光的折射现象及其在生活中的应用。	探究光的折射现象，了解光的折射在生活中的应用。	仿照反射现象，探究学习光的折射以及生活中的折射现象。	激光笔、牛奶、塑料泡沫、毛衣针、折射现象图片等。

◉ **持续性评价**

表 4-2   "探寻光的轨迹"持续性评价

序号	评价目标	评价任务	评价标准	评价方式
1	诊断学生对光的传播规律的认识水平。	1. 课前，对光在空气中沿直线传播形成自己的认识。 2. 课后，根据所学完成学习任务单中的动手作业：制作针孔照相机。	1. 能够从生活现象中抽象出物理模型并进行描述。 2. 能够用光线模型对光的传播规律进行描述并解释生活中的现象。 3. 能够应用光的传播规律制作简单作品。	前测，课堂学习任务单，后期学生作品。
2	诊断学生探究光的传播规律活动的参与度、完成度以及能力水平。	1. 课上，通过分析所观察的反射现象提出可探究的物理问题。 2. 根据提供的器材进行选择，制订简单的实验探究方案，通过实验获得数据，形成结论。 3. 课后，根据课上所学完成动手作业：制作潜望镜。	1. 能通过分析所观察的物理现象与自己认知的差异，提出可探究的物理问题。 2. 能在探寻光的反射规律过程中，理解并尝试运用"空间—平面—半边—角度"的研究顺序和研究方法。 3. 能应用光的反射规律制作简单作品。	课堂学习任务单，实验报告，后期学生作业和动手作品。
3	诊断学生探究光的折射现象的参与度、完成度以及能力水平。	1. 课上，通过分析所观察光的折射现象提出可探究的物理问题。 2. 根据提供的器材进行选择，制订简单的实验探究方案，通过实验获得数据，形成结论。 3. 课后，根据课上所学完成动手作业：人造彩虹。撰写以"光污染"为主题的调查报告。	1. 能知道折射光线随入射光线的变化而变化。 2. 会使用探寻光的反射规律过程中所学的研究顺序和研究方法研究光的折射现象。 3. 通过撰写以"光污染"为主题的调查报告等，能够认识到物理研究与应用要有根据实际情况进行分析和权衡利弊、做出决策的意识。	课堂学习任务单，实验报告，后期学生作业和动手作品。

◉ **教师反思**

1. 以"光的反射"这节为例进行反思

本节课共设计了 15 个物理教学活动，其中包括 6 次学生探究实验，学生具有大量的动手操作机会，探究充分，突出了学生的主体地位，体现了深度学习的特征。

光的反射定律是本节课的教学重点，教师在这一环节运用了 4 个实验探究活动。法线概念的建立是本节课教学的难点，虽然课程标准中并未对法线概念提出明确要求，但在描述反射光线与入射光线的位置关系时，法线是一个关键的桥梁，因此，教师设计了探究实验，引导学生自主建构法线的概念。教师先利用问题引导学生进行猜想——反射光线和入射光线所在的平面与平面镜所在的平面是垂直的，再由学生自主操作验证这一猜想。随后，利用教师自制的纸板模型，带领学生继续寻找共性规律。纸板模型能够帮助学生将头脑中的情境展现出来，将抽象的物理情境实物化、模型化、立体化，进而引出法线的概念，使学生经历猜想、验证、总结、抽象、归纳等思维过程，有利于对学生物理思维能力的培养。

课例"光的反射"的物理教学活动统计详见第二章表 2-6。

2. 学完本单元学生作品成果展示

（1）制作针孔照相机

【原理】光在单一均匀介质中沿直线传播。

图 4-1　学生制作的针孔照相机

【材料】空洗涤灵瓶（不透明）、硬纸筒（薯片盒，高度 20 cm）、剪刀、一面带胶的黑塑料纸、半透明的塑料薄膜、橡皮筋一根。

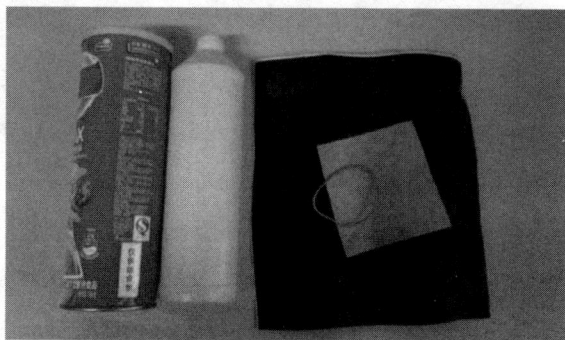

图 4-2　针孔照相机制作材料

【制作过程】

①将一个空的洗涤灵瓶瓶底去掉，用橡皮筋在瓶底固定一块半透明的塑料薄膜。

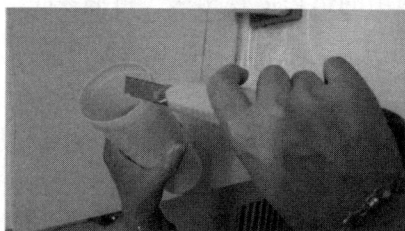

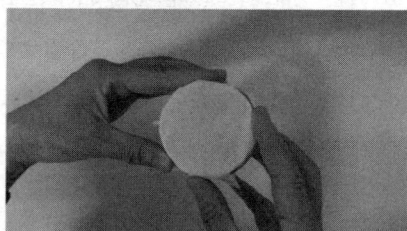

图 4-3　针孔照相机制作过程（1）

②再把一面带胶的黑塑料纸包裹在洗涤灵瓶子的外面，粘牢，作为观察的内筒。

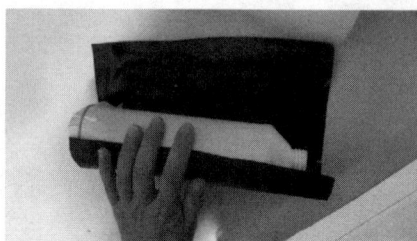

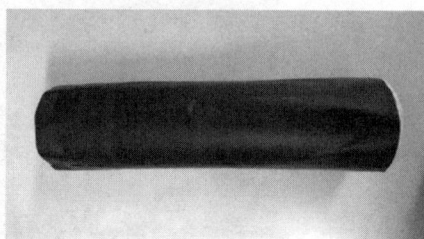

图 4-4　针孔照相机制作过程（2）

③在薯片盒的底部打一个 2 mm 的孔，把上一个步骤制作好的内筒有塑料薄膜的一端装入薯片盒，针孔照相机制作完成。

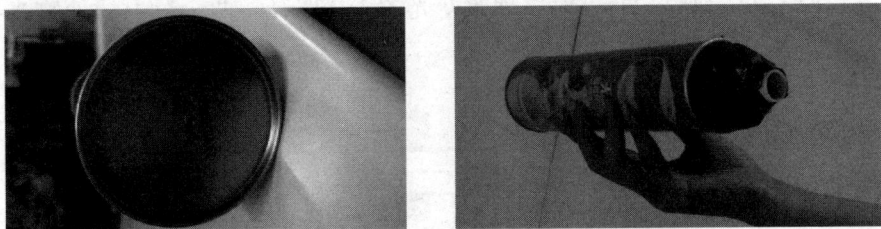

图 4-5　针孔照相机制作过程（3）

④把小孔对准较亮的物体（窗户、灯等），眼睛紧靠瓶口，调节内筒的位置，观察成像的情况。

图 4-6　利用针孔照相机观察成像情况

【现象分析】

①孔的大小对成像大小的影响；

②筒的长短对成像大小的影响；

③针孔照相机改进建议。

【评价指标】

①作品的完成度（40%）：结构完整 4 分，有主要结构 3 分；

②成像的清晰程度（40%）：清晰 4 分，缝隙较大进光多 3 分，不能调整成像大小 2 分；

③外观（20%）：外观独特有吸引力 2 分，整洁完整 1 分；

④创意（加 10%）：创意独特 1 分。

（2）制作潜望镜

【原理】利用光的反射原理改变光的传播路径，两个反射镜使物光经两次反射而折向眼中。

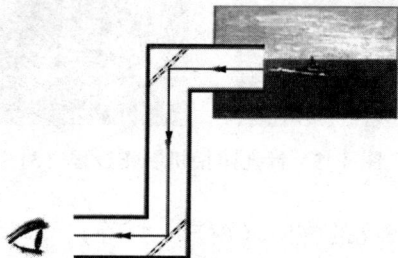

图 4-7 潜望镜原理图

【材料】剪刀、牙膏盒 2 个、镜子 2 块、透明胶带 1 卷。

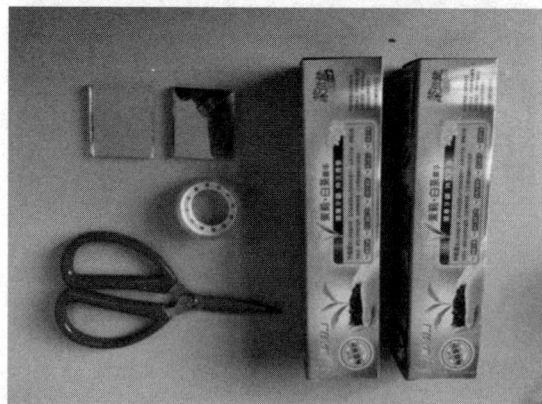

图 4-8 潜望镜制作材料

【制作过程】

①将一个牙膏盒从中间剪开，剪成如图 4-9 所示形状。装入镜子，镜子与盒壁呈 45°夹角。（镜子背部做一个 45°的直角三角形垫着会更稳。）

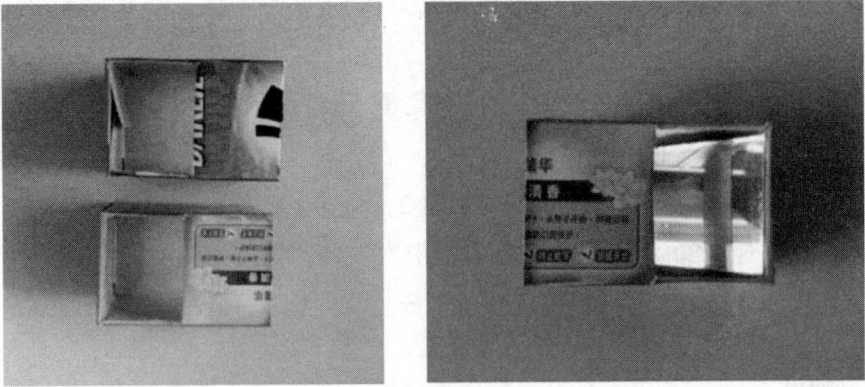

图 4-9　潜望镜制作过程（1）

②在另一个牙膏盒的两面分别剪一个大小合适的方块。

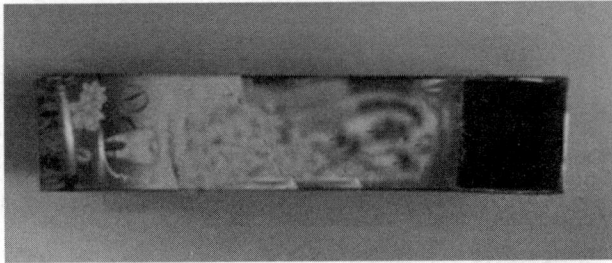

图 4-10　潜望镜制作过程（2）

③将两个牙膏盒按图 4-11 所示拼插在一起。

图 4-11　潜望镜制作过程（3）

④完成上述步骤，一个潜望镜就做好了。

【评价指标】

①作品的完成度（40%）：结构完整 4 分，有主要结构 3 分。

②观察成像的清晰程度（40%）：清晰 4 分，两镜面角度调整不到位、成像不够清晰 3 分，成像看不清 2 分。

③外观（20%）：外观独特有吸引力 2 分，整洁完整 1 分。

④创意（加 10%）：创意独特 1 分。

◉ **附件**

表 4-3 "探寻光的轨迹"第二课时"光的反射"教学流程

教学环节	教师活动	学生活动	设计意图与点评分析
环节一：如何看见反射光线的位置？	【引入】"打地鼠"小游戏。 教师自制地鼠出没动画，请学生用激光笔模拟锤子。借助激光笔发出的光线经过学生手中的小平面镜反射出的光线去击中屏幕中出没的地鼠，比一比谁击中的地鼠个数多。	一名男生一名女生参与"打地鼠"小游戏比赛，其余同学作为裁判，帮忙数数，看看哪位同学打中的地鼠多。	通过小游戏引入课题，激发学生的学习兴趣，学生乐于在游戏中寻找反射光的位置，以便更好地利用光现象。

教学环节	教师活动	学生活动	设计意图与点评分析
环节一：如何看见反射光线的位置？	【定义：光的反射】就像声音在传播过程中遇到障碍物会被反射回来一样，光也会，物理学中把光照射到物体表面被反射回原介质中的现象叫作光的反射现象。 【问题 1：怎样直观地呈现反射光路？】 介绍：激光笔的使用（注意提醒学生不要用激光笔对着眼睛）。 将平面镜放入盛有牛奶的大烧杯中，激光笔固定在铁架台的夹子上，照射牛奶中的平面镜。 追问 1：你看到了什么现象？ 追问 2：一条入射光线有几条反射光线？ 追问 3：当入射光线的方向变了，反射光线的位置发生变化了吗？	理解光的反射定义，体会通过调节平面镜，可以控制光线的传播路径，满足人们的需求。 回忆第一课时中为了呈现出光路可以采取的方法，比如喷雾、制造水雾、让光线透过牛奶等。 学生实验 1：多角度照射牛奶中平面镜。 观察并思考、回答问题。入射光线对应唯一一条反射光线。 观察并思考、回答：变了。	通过观察简单的实验现象，初步体验光的反射现象，得出初步的实验结论：一条入射光线对应一条反射光线；反射线由入射线决定。这既是对学生能力的锻炼，也为接下来寻找反射光线的位置做了准备。

续表

教学环节	教师活动	学生活动	设计意图与点评分析
环节二：如何记录入射光线和反射光线的位置？	【问题2：如何记录入射光线和反射光线的位置？】 追问：能否把你看到的现象中两条光线的位置关系用两个笔芯扎在泡沫板上来粗略地表示？	学生实验2：用笔芯扎泡沫板，模拟光路。 学生小组讨论，能够用教师提供的两支圆珠笔笔芯扎在泡沫板上，且所扎笔芯的倾斜程度与观察现象基本一致。	通过扎泡沫板的活动，将学生头脑中理解的反射现象再现，粗略地展示出反射光线与入射光线的位置关系。
	介绍反射面、入射光线、反射光线、入射点等概念。	了解反射面、入射光线、反射光线、入射点等定义。	
环节三：如何描述反射光线的位置？	【问题3：如何描述反射光线的位置？】 约定每次实验中的反射面和入射点都一样。	学生实验3：多次共点入射，找规律。（共面？垂直？） 	学生在教师设计的问题链的引导下，通过多个探究活动，层层深入地找到反射光线的位置。

教学环节	教师活动	学生活动	设计意图与点评分析
环节三：如何描述反射光线的位置？	追问1：反射光线与入射光线在一个平面内吗？你的依据是什么？ 追问2：如果在一个平面，这个平面与平面镜所在的平面有怎样的位置关系？ 展示三个纸板模型，引入法线。 提示学生，可以用一根细线悬挂一根缝衣针充当"法线"。 追问3：改变入射光线，还满足这种关系吗？	观察并回答：反射光线与入射光线在一个平面内。依据是从某两个特殊角度观察时，一条光线可以完全挡住另一条光线。 学生用直角三角板粗测。观察并回答：两个面可能垂直。 学生实验4：观察三线共面。 学生在筷子上悬挂细缝衣针充当法线，观察三线共面。 学生改变入射光线方向，多做几次实验。 得出结论：①反射光线、入射光线和法线在一个平面内。②反射光线和入射光线分别位于法线的两侧。	

续表

教学环节	教师活动	学生活动	设计意图与点评分析
	教师转动转盘，让每个角度的学生都能看到三线共面。 讲解定义：入射角和反射角。 追问4：反射角与入射角之间有什么关系？	观察教师的纸板模型，发现有一条特殊的线始终存在于每一个面上，即法线。	对于法线这一重要概念，学生学起来有难度，但是教师设计的纸板模型很好地将法线呈现出来，有利于学生的理解。
环节三： 如何描述反射光线的位置？	提示学生：①镜面跟量角器所在的衬板有什么关系？②入射点应该选在哪个位置？③自学，完成教材上的实验探究。④注意入射光线和反射光线的因果关系、叙述中的前后关系。 再次解读反射定律，帮助学生体会该结论能够简洁、准确地找到反射光线的位置。	学生实验5：用光的反射实验器寻找角度之间的关系。 观察实验器材，自学教材上的内容，明白实验目的，完成实验，记录数据，得出结论：反射角等于入射角。	

教学环节	教师活动	学生活动	设计意图与点评分析
环节三：如何描述反射光线的位置？	思考题：在探究光的反射定律实验时，进行如下图所示的实验操作。纸板与镜面垂直，让光线贴着纸板沿 *AO* 方向向镜面，发现反射光线沿 *OB* 方向射出，如图甲所示，若将纸板倾斜，让光线仍贴着纸板沿 *AO* 方向射向镜面，如图乙所示，此时纸板上 ____ 看到反射光线（选填"能"或"不能"）。 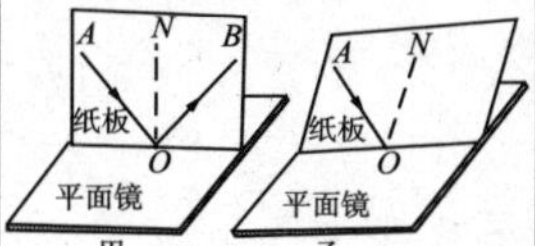	学生猜测反射线位置。一个学生辅助教师，用喷壶喷雾，大家观察实验，验证自己的猜想。体会反射定律的简洁美妙。 	教师提出的问题很好地检验了学生对反射定律的理解，将学生头脑中的理解显性地表示出来。
环节四：应用镜面反射和漫反射	【应用：镜面反射和漫反射】 活动1：画光路图； 活动2：体会生活中光的反射。	分别画出镜面反射和漫反射中的光路图。小组讨论，列举生活中光的反射现象：美丽的倒影、高速路拐弯处的反光道钉、大厦玻璃的光污染等。	通过对比镜面反射和漫反射中的光路图，更好地理解光的反射定律，并将物理与生活结合起来，体现"从生活走向物理，从物理走向社会"的教学思想。

板 书 设 计

5.2　光的反射

问题：
　　1.怎样直观地呈现反射光路？
　　2.如何记录入射光线和反射光线的位置？
　　3.如何描述反射光线的位置？

光的反射定律 {

结论：
　　光在发生反射现象时：
　　1.反射光线、入射光线和法线在同一平面内；
　　2.反射光线和入射光线分别位于法线的两侧；
　　3.反射角等于入射角。

作 业 设 计

课时	作业	内容
第二课时	完成课时作业	1. 每人列举三个生活中的光的反射现象，与同学分享、交流。 2. 小组合作调查社区周边光污染情况。

案例二

"力，你真的熟悉吗?"——力

授课年级：八年级

单元总课时：五课时

设计者：李春

执教者：李春

◉ 单元学习主题

1. 主题名称

"力，你真的熟悉吗?"——力

2. 主题的解读

本单元学习的是关于力的知识，力的概念、重力、弹力和摩擦力。对比人教版和北师大版（全国版）两个版本的物理教材，人教版八年级下册第七章"力"共分为三节：力，弹力，重力；第八章"运动和力"也分为三节：牛顿第一定律，二力平衡，摩擦力。而北师大版八年级下册第七章"运动和力"共分为七节：力，弹力　力的测量，重力，同一直线上二力的合成，二力平衡，学生实验：探究——摩擦力的大小与什么有关，牛顿第一定律。两个版本教材的内容差别不大，在顺序安排上略有区别。本案例选取力的基本形式弹力、重力、摩擦力与力的概念组成一个小单元，主题为"力，你真的熟悉吗?"，共包括 5 课时。

课程标准对本单元学习内容具有以下要求：（1）通过常见事例或实验，了解重力、弹力和摩擦力，认识力的作用效果。通过实验，认识力可以改变物体运动的方向和快慢；通过实验，认识力可以改变物体的形状。（2）用示意图描述力，会测量力的大小。课程标准简洁地表达了两个方面的内容：一是对知识内容的要求，二是提出了学习方式的建议，也就是让学生通过实验探究的方式来学习这部分内容。

从学科素养发展的角度来看，本单元中的"力""弹力"等基本物理概念属于物理学科核心素养中的物理观念，从物理学视角形成关于物体相互作用的基本认识，是物理概念在头脑中的提炼和升华。"体验物体间力的作用是相互的"是从物理学视角对客观事物的本质属性、内在规律及相互关系的认识，是分析综合、推理论证等科学思维方法的内化。整个认识力的过程中充满了科学实验探究，在具体探究过程中培养学生的科学态度与责任。

在教学实施上，要充分考虑学生的生活经验和认知特点，从学生熟悉的社会经验和现象入手，通过观察、思考、分析、归纳，建立抽象、科学的物理概念。通过本单元的学习，可以让学生认识到物理与生活的联系，体会物理概念的建立过程。教学评价方面，可以采用学生自评、教师评价、生生互评或者师生互评等方式，评价学生观察现象是否准确全面，对现象的描述是否清晰准确，语言表述是否完整和富有逻辑性等。本单元的学习要重点培养学生的物理观念。

本单元主题的核心概念是"力"，学生对生活中的力比较熟悉，但对物理中的力的概念是陌生的，教学中需要建立生活与物理之间的桥梁，帮助学生实现从前概念到科学概念的转变。基于上述分析，将单元主题确定为"力，你真的熟悉吗?"。为了完成单元主题学习目标，需要学生以教师指导、小组合作的方式，通过实验探究、交流思辨等活动，得到自己的研究成果，加深对力的概念和规律的理解，并且以前测、后测、小制作、体验作业等形式作为持续性评价的主要依据。

◉ **单元学习目标**

1. 目标确定

力和运动的相关现象在日常生活中随处可见，学生对力也很熟悉，但学生是不是真的了解力、生活中的力与物理学中的力又有何异同、力的科学概念及相应的规律是什么，这些都是教学过程中需要解决的关键问题。"力"是一级主题"运动和相互作用"下的二级主题"机械运动和力"中的概念。许多学生头脑中一直留有一些错误的认识，认为"物体运动需要力来维持"或者"没有力物体根本动不起来"等，这就需要我们从运动和力的概念和本质入手，让学生通过自主实验探究来真正理解什么是力。

因此本单元主题的核心就是既要让学生对"力"感觉不陌生，建立生活与物理之间的桥梁；又要让学生对"力"感觉不熟悉，实现从前概念到科学概念的转变。所以本单元教学内容将重点确定为引导学生探究什么是力和物体间力的作用是相互的；教学难点确定为如何引导学生自主建构形成力的概念，并渗透研究力和改变物体的运动之间的关系。

二级主题"机械运动和力"下的内容还有"了解弹力、重力和摩擦力""认识力的作用效果"，这些内容都体现了生活中常见的力或者说是我们生活中离不开的力。这些力的概念的建立和理解都是物理观念和规律在头脑中形成和提炼的过程，也是在帮助学生解释生活现象和解决实际问题。学生在学习和理解这些概念和规律的过程中可能要解决以下一些问题：

（1）为什么要引入"力"的概念。力在我们生活中无时无刻无处不在，非常重要。我们在生活中经常说起力，但是从物理学的视角如何从不同物理现象中提炼出这些现象的共性和本质，学生还需要明确说出或者清晰理解。

（2）在力的分类方面，要让学生理解弹力、重力和摩擦力，有水平方向和竖直方向的受力情况，还有斜面等不同方向不同受力的情况。有的力是动力，有的力是阻力，有些力越大越好，而有些力越小越好。学生在生活经验中感知到的力可能与物理课上所学的力有些不同而不好理解或是理解错误。

（3）在利用公式计算解决实际问题的过程中，学生在建立和理解物理公式方面，还需要运用数学函数或者画图等方面的知识，这些知识也同时需要其他学科知识的支撑和综合运用，这些都是学生在学习过程中需要克服的困难。

2. 学习目标

（1）通过实验探究和体验，理解"力是一个物体对另一个物体的作用"及力的本质就是其作用的相互性。根据力的作用效果判断力的存在，会用力的示意图表示力的三要素。（物理学科核心素养——物理观念、科学探究）

（2）通过探究，学习日常生活中常见的几种力，包括弹力、重力和摩擦力。有针对性地观察实验现象，运用控制变量法设计实验，分析和处理实验数据，并运用公式解决实际问题。（物理学科核心素养——物理观念、科学探究、科学思维）

（3）通过举例分析，初步认识科学技术对社会发展和人类生活的影响。培养应用所学知识为社会服务的意识，提高利用知识解决实际问题的能力。（物理学科核心素养——科学思维、科学态度与责任）

◉ **单元学习活动**

根据设定的单元学习目标，完成本单元需要五课时，具体活动安排见表 4-4。

表4-4 "力，你真的熟悉吗?"单元学习规划

课时	学习目标	学习内容	学习活动	学习资源
第一课时	理解"力是一个物体对另一个物体的作用"，知道力不能脱离物体而存在。知道施力物体和受力物体；知道力的作用是相互的；知道力的作用效果；知道影响力的三要素；会画力的示意图。	问题 1：生活中哪儿有力？ 问题 2：怎样感知力的存在？ 问题 3：什么是力？ 问题 4：怎样认识力？ 问题 5：怎样描述力？	通过提起重物知道提重物的过程中需要用力。学习力的概念。利用实验室提供的实验器材分组实验，完成学案，体验并认识物体间力的作用是相互的。通过身边常见事例和学案上的任务来分析和归纳力所产生的效果，并分析力的作用效果与力的三要素相关。学习画力的示意图。	核桃和核桃夹、橡皮泥、富有弹性的钢尺等，多媒体和教学课件。
第二课时	知道什么是弹性形变、范性形变；理解弹力产生的原因；能够分析出弹力的方向；知道弹簧测力计的测量原理。	问题 1：什么是形变？ 问题 2：形变包括哪些类型？ 问题 3：弹性形变与拉力有什么关系？ 问题 4：如何用弹簧测力计去测量力的大小？	在弹簧和橡皮筋下面挂上钩码等物体，直到把橡皮筋拉断，而弹簧可以恢复原状，体验不同类型的形变。通过依次增加弹簧下面所挂钩码的个数，探究弹簧伸长量和所受拉力的关系，验证猜想。	弹簧、橡皮筋、橡皮泥、钩码，多媒体和教学课件。

课时	学习目标	学习内容	学习活动	学习资源
第三课时	知道重力产生的原因，知道重力的方向和作用点；知道重力与质量的关系，会用 $G=mg$ 进行有关计算。通过分析实验数据，学习处理信息的方法，有初步的信息处理能力和分析概括能力。	问题 1：什么是重力？重力的施力物体是什么？ 问题 2：重力的三要素是什么？方向有什么用途？ 问题 3：如何用弹簧测力计测量重力？ 问题 4：如何用数学方法得到重力与质量的关系？	利用调好的弹簧测力计测量钩码的重力，记录并完成实验数据表格。利用数学坐标轴，采用——对应描点法，画出 G 和 m 的关系图，得出重力与质量的关系。	钩码、弹簧测力计、刻度尺、白纸等，多媒体和教学课件。
第四课时	了解摩擦力的产生原理，会判断摩擦力的方向。举例说明增大有益摩擦和减小有害摩擦的方法。在举例分析中，初步认识科学技术对社会发展和人类生活的影响。培养应用所学知识为社会服务的意识，提高利用知识解决实际问题的能力。	问题 1：什么是摩擦？摩擦有哪些类型？ 问题 2：什么是摩擦力？产生摩擦力的条件是什么？ 问题 3：如何判断摩擦力的方向？ 问题 4：增大和减小摩擦力的方法有哪些？	通过将小车分别放在毛刷和斜面上进行实验探究，知道摩擦力的种类和摩擦力的方向。	小车、毛刷、物体斜面等，多媒体和教学课件。

续表

课时	学习目标	学习内容	学习活动	学习资源
第五课时	探究影响滑动摩擦力大小的因素，体会控制变量的思想和方法。	问题1：猜想影响滑动摩擦力大小的因素有哪些。 问题2：设计实验探究影响滑动摩擦力大小的因素。 问题3：如何改进测量滑动摩擦力大小的实验？ 问题4：如何评估改进后的测量滑动摩擦力的方法？	通过实验控制压力一定，改变接触面的粗糙程度；通过控制接触面的粗糙程度相同，改变压力大小。通过实验探究影响滑动摩擦力大小的因素。	轻质小卡片、细线、钩码、弹簧测力计等，多媒体和教学课件。

◉ 持续性评价

表4-5　"力，你真的熟悉吗?"持续性评价

序号	评价目标	评价任务	评价标准	评价方式
1	感知和体验生活中的力无处不在，任何时候和任何地点都有力的存在。	1. 课前学生是否主动拿出课本、笔袋等。 2. 课上学生是否能利用实验室提供的器材动手实验，感知生活中不同类型的力。 3. 课后学生是否能体验生活中无时无刻都要用力。	1. 动手操作积极充分，观察现象准确，对现象的描述准确清楚。 2. 愿意将物理与生活联系起来，体验物理—生活—物理的思想。	学案，任务单，学生分组实验、自评和互评，教师评价。

续表

序号	评价目标	评价任务	评价标准	评价方式
2	能联系生活，总结和归纳什么是力。	1. 借助学案，学生是否能够自己分析和总结出结论——什么是力。 2. 学生课上是否认真记笔记，是否能够和老师一起总结什么是力。	1. 能够用文字清楚准确地表述物理现象，无错字和不会写的字。 2. 能够分析归纳出什么是力。	学案，任务单，学生自评、互评，教师评价。
3	通过实验结论的共性来提炼怎样认识力。	1. 课上学生是否进行分组实验和动手操作，之后独立填写，完成学案中的表格内容。 2. 课上学生是否通过分析学案中的表格内容来归纳得出力的特点，进而认识力。	1. 在实验过程中体验充分，能够独立完成学案中的表格内容。 2. 能根据学案中的表格内容，总结得出物体间力的作用的相互性、不同类型力的共同特点。	学案，任务单，学生实验操作，学生自评，教师评价。
4	理解怎样描述力，怎样画力的示意图。	1. 课上学生是否能够通过联想本节课自己亲自动手完成的实验和学案，找出力的一两个特点，区分和描述不同的力。 2. 课上学生是否能够在与教师和同学的讨论中提炼出从力的大小、方向、作用点和应用等角度来描述不同的力。 3. 课上学生能否参照教师的示范来独立完成画力的示意图。	1. 能准确表述如何描述力的结论，叙述准确完整。 2. 所画力的示意图规范正确。	学生自评和互评，教师评价。

⊙ **教师反思**

1. 学生在课堂上的变化

力学中的概念对学生来说比较抽象。以往学生学习力学时缺少感性认识，不易理解力的概念，常常死记硬背而不会应用。在该单元主题学习中，学生在课上能够充分体验各种力的现象，直观形象地发现不同类型力的特点，学习有兴趣，能够积极主动地思考，自主参与实验探究，得出结论，对力学概念理解得比较清楚，能够举一反三，联系实际解决一些问题。

2. 教师在设计、实施、评价、理念落实等方面的收获

教师在设计教学方案时厘清了思路，根据单元目标确定每一个课题的主题和目标，然后实施设计，这样做教学设计目的更具体、清晰。在实施教学时，为保证促进学生思维的深入，进行深度学习，整合了不同教师的教学材料，找出最有效、最有利于学生学习的方法和内容，舍弃一些低效的做法。在教学评价的指引下，教师能够更为清楚地确定学习目标是否落实到位，易于教师进行实时评价。在落实理念方面，学生由于受到了新方法的指导，能够更好地实现科学思维的发展。学生从现象中抽取信息，组织思路，归纳出概念，通过实验验证猜想等，这对学生来说是很好的训练，对教师来说也在改变着教学理念和教学思维，引领教师以更为科学的方法进行教学。

⦿ **附件**

表 4-6　"力，你真的熟悉吗?" 第一课时教学流程

教学环节	学习活动	评价要点
环节 1	初始学习活动：请一名学生把一个较重的物体搬到讲桌上，需要用很大的力。教师提问引入新课：可以说 "力" 是日常生活中常用的词，但是在物理学中到底什么是 "力" 呢？ 问题 1：生活中哪儿有力？ 学生学习活动 1：回答生活中哪些地方需要用到力。 问题 2：怎样感知力的存在？ 学生探究性学习活动 1：通过实验设计感知力的存在。 学生发现：可以通过推、拉、提等感知一个物体对另外一个物体之间存在力。	1. 搬东西需要用力。 2. 评价标准为是否使用不同形式的力。 3. 学生观察现象是否准确，对现象的描述是否准确清楚，活动参与程度如何。
环节 2	问题 3：什么是力？ 教师介绍：物理学中把两个物体间的举、拉、敲、推、撞、吸引等叫作力的作用。 学生学习活动 2：提炼共性，分析归纳什么是力。 学生总结归纳：力就是一个物体对另一个物体施加的作用。 教师介绍：力的单位和 1N 的大小。	1. 学生的学案作品展示：不同物体间一个物体对另一个物体施加了一个什么力。 2. 评价学生能否得出：力的产生需要两个物体，物体间施加的力具有相互性。 学生自评、互评，教师评价。

教学环节	学习活动	评价要点
环节3	问题4：怎样认识力？ 学生思考1：物体之间产生的力有什么特点？ 学生探究性学习活动2：学生用手拍打大腿，体验手和大腿都有什么感觉，思考为什么。 教师演示实验1：用乒乓球击打球拍和两个气球之间相互挤压，引导学生得出力的作用的相互性。 教师演示实验2：磁铁隔空物体也能吸引曲别针，引导得出不直接接触的物体间也能产生力的作用。 学生思考2：根据物体发生了哪些变化来认识这个力的存在？ 学生回答：根据不同物体发生不同的形变和对物体施加力后使物体发生形变或者改变物体的运动状态，来判断物体间的力是否存在。 教师展示：橡皮泥被拧成类似麻花状，橡皮泥被轻松拧断，说明力可以使物体发生形变；用手挤压玻璃瓶中的红色液体，发现力还可以使玻璃瓶中红色液体的液面下降而不是上升。 教师补充不同形式的力，包括天体间的万有引力、火箭反冲力、分子之间的作用力等。	1. 评价学生体验是否充分，能否发现物体间力的作用的相互性。 2. 能否用语言描述力的作用是相互的。 3. 学生语言表述是否完整准确。 4. 评价学生能否发现通过力的作用效果不同来得知力的不同。 5. 评价学生是否能用语言描述力的作用效果。 6. 评价学生语言表述是否完整准确。
环节4	问题5：怎样描述力？ 学生思考3：①力的哪些方面不同能够导致力对物体的作用效果不同？ ②怎样描述力才能把不同的力区分开？ 学生学习活动3：学生回答力的大小、方向或者作用点不同，使得物体的作用效果不同。力可以改变物体的运动状态，也可以改变物体的形状。 学生得出结论：描述力就是描述力的三要素。 教师在黑板上演示，通过画力的示意图可以方便简单地把力的三要素描述出来。	1. 评价学生能否分析和归纳出影响力的作用效果是力的三要素。 2. 评价学生对结论的叙述是否准确完整。 3. 评价学生能否模仿教师画力的示意图，教师和学生共同评价。

续表

教学环节	学习活动	评价要点
环节5	终结性学习活动： ①学生小结本节课的收获。 ②教师播放视频：鸟停在人的胳膊上，人的胳膊向下放，鸟为什么飞不起来？学生及时反馈评价。 布置作业：《伴你学》相应练习。	教师和学生共同评价。

板 书 设 计

第七章　运动和力

第一节　力

1. 力的概念：力是一个物体对另一个物体的作用

2. 力的作用的特点：物体间力的作用是相互的

3. 力的作用效果：力可以改变物体的运动状态，也可以改变物体的形状

4. 影响力的作用效果的三要素：力的大小、方向和作用点

5. 画力的示意图

作 业 设 计

1. 你留意过下面的事实吗？

①用力捏面团或者小皮球时，面团的形状会发生形变而小皮球会变瘪。

②划船时，桨向后划水，船才会向前行驶。

③将吹足了气的气球松开并放手，球内气体从气球口泄出去的同时，气球会向相反的方向运动。

请归纳出上述现象共同遵循的物理概念或者规律（只要写两条）：_____

_____

2. 当人乘坐游船上岸，从船头向岸上跨一步时，人可能会掉入水中，这是为什么？这与在陆地上跨一步相比较又有什么不同呢？

案 例 三

"劳苦，一定功高吗?" ——功和功率

授课年级：八年级

单元总课时：两课时

设计者：杨雪娇

执教者：杨雪娇

⊙ 单元学习主题

1. 主题名称

"劳苦，一定功高吗?" ——功和功率

2. 主题的解读

本课例教学内容在《义务教育物理课程标准（2011 年版）》中隶属于一级主题"能量"，具体的要求是：结合实例，认识功的概念。知道做功的过程就是能量转化或转移的过程。功和功率的教学内容在北师大版《物理》教材（全国版）八年级下册中属于第九章"机械和功"（内容包含杠杆、滑轮、功、功率、机械效率等），在人教版《物理》教材八年级下册中属于第十一章"功和机械能"（内容包含功、功率、动能和势能、机械能及其转化）。两个版本教材中的核心概念都有功和功率。这两个核心概念有着承前启后的作用，效率概念是能量有效利用的比例关系，判断物体是否具有机械能需要从能否做功来分析，且在机械能和内能部分常用到功是物体能量的变化这一量度。在高中阶段，学生将继续学习其他形式的能，进一步理解和应用功能关系。能量是科学内容的重要主题，功能关系（图 4-12）是解释物理现象、研究科学问题的重要方法，

是学生建立好功的概念、正确理解相关概念关系的基础。

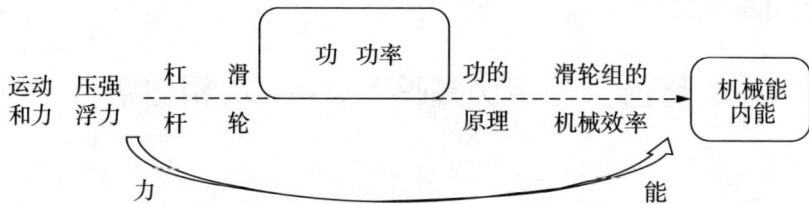

图 4-12　功能关系

　　两个版本教材的不同安排恰恰揭示了"功"这一内容在不同维度下的重要作用。从能量转化的角度来说，功的概念建立体现了一个运动过程中能量变化的多少，正如教材所说，"功是能量变化的量度"。早期工业革命时期，人们需要一个衡量机械工作能力的统一标准，在此基础上人们逐渐形成一致意见，即用机器将重物提起的高度与重物重力的乘积作为一个标准，由此逐渐形成了功的概念。

　　经过多角度综合考虑，本单元教学综合两个版本教材中"功和功率"的教学内容，确定深度学习的单元主题为"劳苦，一定功高吗？"。在教师的指导下，学生以小组合作的方式，通过实验探究、交流思辨等活动，最终形成自己的成果，建立功的概念。在掌握功的概念的基础上，提出描述做功快慢的物理量——功率，为后面学习能量等知识打下基础。

　　该课例基于功和功率概念本身的建立过程开展教学：一方面，"功"是中学阶段一级主题"能量"的主要内容之一，学生通过联系生活，初步感受功与能之间的关系。另一方面，学生通过体验物理概念的建立过程，体会从实践中得出理论结论的过程，以及将理论知识应用到实践的最终目的。在建立功和功率概念的过程中，引导学生通过科学思维建立物理观念，形成从物理学视角对运动与相互作用、功能关系的基本认识；通过联系实际生活中的实例，了解机械功和功率在实际生活中的作用，激发学生学习物理的兴趣，培养学生的实践能力，让学生体验物理学科的科学本质和社会价值。这些过程有利于培养学生"物理观念""科学思维""科学探究""科学态度与责任"的物理学科核心素养。

◉ **单元学习目标**

1. 目标确定

从教学内容来看，能量的转化和守恒是自然科学的核心内容之一，它从更深的层次反映了物质运动和相互作用的本质，做功的过程就是能量转化的过程。因此，学习功的知识能为学习能量打好基础，这决定了功的学习在初中物理课程中的重要性，以及对于高中物理学习的意义。功的概念比较抽象，学生在实际生活中体验较少，再加上物理学中"功"的意义与日常生活中"功"的意义有实质性的差别，因此"功"概念的建立是本节课的教学难点。

"功和功率"内容隶属于"能量"一级主题，而"能量"作为物理学的核心概念，贯穿中学教育整个过程，如何使学生提升对"能量"这一概念的认识是物理教育的一个难题。做功的过程伴随着能量的变化，做了多少功就有多少能量发生了变化，即"功是能量转化的标志和量度"。所以，功和能量的变化相联系，并非功与能量相联系，更不能说功就是能量。在能量的转化过程中，功扮演了一个重要的角色，即引起能量变化和量度能量变化，但是功与能量又不能相互转化。所以，在功的教学中一定要让学生掌握功的物理意义。

"功和功率"概念的建立过程实际上是学生物理观念的形成过程，是物理概念和规律在学生大脑中的提炼和升华，帮助学生学会从物理学视角解释自然现象和解决实际问题。物理观念不仅是物理学科核心素养的重要内容，而且是其他物理学科核心素养的重要基础。由于功和功率的概念本身很抽象，学生要较为全面地认识功必须经历一个较长的过程，功与能的关系要渗透到初中物理教学的整个过程中去。

学生在学习功和功率时可能会遇到以下困难：

（1）不理解为什么要引入功的概念。纵观初中物理课程，最初的测量性概念的引入是因为生活中需要比较，质量概念的建立是因为物体所含物质的多少并不相同，密度概念的建立是因为不同物质单位体积内的质量并不相等……。而为什么要引入并建立功的概念，教材中只给出了"力与物体在力的方向上运动距离的乘积叫作功"这样的定义，并不能解决"为什么要引入功"这个问题。因此，学生在建立功的概念时容易出现认知上的真空。

（2）判断力在什么情况下对物体做功时，学生会因为生活经验产生概念混淆。

（3）学生对运动快慢的概念印象深刻，因此可能会错误地认为运动快就是做功快。

2. 学习目标

（1）通过与生活相联系的实例认识机械功的含义，理解做功的两个必要因素，能用生产、生活中的实例解释机械功的含义。知道功的计算公式 $W = Fs$，知道 s 是物体沿力 F 方向移动的距离，并能进行有关计算，知道功的单位是焦耳。（物理学科核心素养——物理观念、科学态度与责任）

（2）通过从生活实例中认识做功需要两个必要因素的过程，会判断物体是否做功，学习从物理现象中归纳简单规律的物理研究方法。（物理学科核心素养——科学思维）

（3）通过一系列的课堂实践活动，理解并知道做功有快慢。运用迁移的方法定义出做功的快慢，并能够灵活应用所学进行功率的测量。（物理学科核心素养——科学探究）

（4）通过对生活中做功实例的解释，体会对物理知识的应用，增强学习物理知识的欲望。通过对功概念的理解，体会学习成长的道路上必须经历长期努力的过程。（物理学科核心素养——科学态度与责任）

◉ **单元学习活动**

"劳苦，一定功高吗？"主题单元共需要两课时：

第一课时内容为"功",建立功的概念,了解做功所需的两个要素,初步讲解做功的过程伴随能量的变化,初步认识能的概念。

第二课时内容为"功率",知道做功有快慢之别,快慢的不同用功率表示,由功与时间的比值量化。

详细的单元学习规划见表4-7。

表4-7 "劳苦,一定功高吗?"单元学习规划

课时	学习目标	学习内容	学习活动	学习资源
第一课时	1. 对"为什么要引入功"有感性认识。 2. 结合实例通过分析认识机械功的概念,理解做功的两个必要因素。 3. 知道功的计算公式,并能理解公式的由来,会利用公式计算功的大小。	问题1:为什么要引入功? 问题2:力在什么情况下对物体做功? 问题3:功的大小为什么是力乘距离?	创设"论功行赏"的任务情境,寻找"功劳"大小的评价标准。 利用视频、动画、图片呈现生活中的做功情境,建立"功"的概念,并归纳做功的两个必要因素。 回到闯关情境,讨论做功的大小,找出合理计算功大小的方法。	"论功行赏"任务卡、学生自行录制的闯关活动视频。PPT动画模拟生活中的五种情境①。 实验器材:纸质楼梯模型。
第二课时	1. 理解并知道做功有快慢。	问题1:做功有快慢吗?	观察等重的纸片和纸团(不等重的两张纸)从同一高度同时开始下落的情况。思考怎样比较做功快慢。	实验器材:等重的两张纸、不等重的两张纸。

---

① 见表4-9所示。——编者注

续表

课时	学习目标	学习内容	学习活动	学习资源
第二课时	2. 能够正确定义出做功的快慢。	问题2：如何比较做功的快慢？	两个学生一组进行夹球比赛，体会做功的快慢。建立表格，类比速度定义，构建功率的定义。	长棍、小皮球若干。
	3. 能够灵活进行功率的测量。	问题3：怎样测量功率的大小？	分小组进行夹象棋子（或小药丸）比赛，并进行功率大小测量。注意区分做功快和速度快。	筷子、象棋棋子、药丸若干。

◉ **持续性评价**

表4-8　"劳苦，一定功高吗?"持续性评价

序号	评价目标	评价任务	评价标准	评价方式
1	给"做功"下定义。	从五种生活情境中总结归纳出"做功"的定义。	能够利用力和位移为做功下定义。	课前测、课后测、学案、课堂观察、作业、学生互评。
	理解做功的含义，会判断各种情境中某个力是否做功。	从某同学搬箱子的实例中辨析哪个过程人对箱子做了功。	能够判断出正确的做功过程。	
	根据生活经验归纳推理得到功的大小。	利用楼梯模型推理出计算功大小的方法。	能够根据特殊例子的计算，推理得出计算功大小的普遍方式。	
	会根据公式计算功的大小。	在同学蹦上台阶的过程中，计算该同学克服重力所做的功。	能够正确计算功的大小。	

续表

序号	评价目标	评价任务	评价标准	评价方式
2	理解做功有快慢的差异。理解做功快慢不同的实际意义。	问题1：纸下落时重力是否做功？重力做功相同，用时不同，说明什么？	能够回答出重力做功的快慢不同。	课前测、课后测、学案、课堂观察、作业、学生互评。
	会用比值的方法量化出做功快慢。	问题2：挖土机工作时对土做了功，在工期的限制下，你喜欢挖土机做功快还是做功慢？建立表格，对比速度的定义，建构怎样量化做功的快慢。	能够回答出做功快表示挖一定量的土用时更短，缩短工期；或者在一定时间内，能挖出更多的土。能用单位时间内所做的功表示做功快慢；写出计算做功快慢的公式；推导出功率单位为 J/s。	
	会用定义式计算功率。	阅读有关"挖土机功率"主题的科普文章，计算相关功率。	能计算出功率，换算功率单位。	
	会用功率计算公式进行简单的实验测量。	问题3：通过计算，比较两名同学上20个台阶的功率大小。	会采用累积测量的方法测量时间，会计算克服重力所做的功，正确计算出功率。	

◉ **教师反思**

在传统教学过程中，学生功概念的建立过程比较直接，注重让学生应用功的概念判断物体是否做功。本节课把大量的时间花在功概念的建立上，用了丰富的日常生活实例让学生归纳总结出做功的概念。学生课堂问题回答以及课后作业检测反映出，学生对于判断物体是否做功完成得较好，并且可以用自己的语言解释判断依据，由此可以看出学生对功概念的掌握比较灵活深刻。

本次单元主题教学中的教学方式是一次大胆的尝试，通过学生们的反馈感受到学生对于功概念建立的方式和结果的认可，同时也感受到需要改进的地方，比如学习能力较强的学生在本次课中受益较多，学习能力较弱的学生对功的概念难以吃透，探究归纳出功的概念显得比较吃力。不过对于功的理解和掌握绝不是一节课就可以做到的，要在今后的教学过程中不断促进学生思考，逐渐领悟"功"的内涵。

这节课设计的问题开放度大，学生能够充分发散思维，展开思考。从学生的一言一语互动中，感觉课堂中物理规律生成比较自然，学生思维比较活跃。

◉ 附件

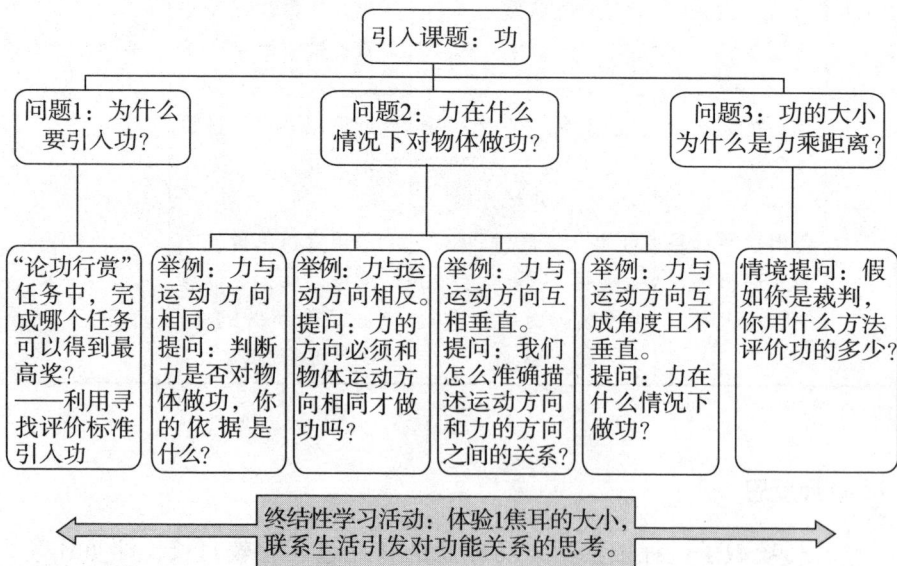

图4-13 "劳苦，一定功高吗？"第一课时教学流程

表4-9　"劳苦，一定功高吗?"第一课时学习安排及评价

学习任务	学习活动	持续性评价
目标：让学生对为什么要引入功有感性认识。	问题1：为什么要引入功？ 初始学习活动（新课引入）： 【情境】在一次闯关活动中，7名胜出者最终到达了迷宫的终点，进入密室后发现了藏宝盒。他们打开藏宝盒后发现只有一封信，上面写着"论功行赏"。展开任务卡后，选手们看到了7个搬运任务①。 【讨论并排序】假如你是队员，你认为选择哪个任务能得到最高奖励呢？	评价标准：课堂得出结论后，对排列顺序正确者给予奖励。
结合实例通过力的成效帮助学生认识机械功的概念，理解做功的两个必要因素。	问题2：力在什么情况下对物体做功？ 探究性活动1： 【情境1】起重机吊起重物的过程。 探究性活动2： 【情境2】用水平推力将木箱在水平面上移动一段距离，推力在这个过程中对箱子做功了吗？ 【情境3】推物体沿斜面向上运动，推力做功了吗？ 	

----

① 任务1：抱起1个箱子从1层到2层；任务2：抱起2个箱子从2层到3层；任务3：抱起3个箱子从3层到6层；任务4：抱起1个箱子从1层到3层；任务5：抱起2个箱子坐电梯从1层到7层；任务6：抱起2个箱子从校本部跑到双榆树校区（运动距离相当于走了20层）；任务7：抱起4个箱子始终在7层等待。

续表

学习任务	学习活动	持续性评价
培养学生从物理现象中归纳简单规律的能力。	【提问】同学们怎么判断力做不做功？ 【过渡】什么情况下的力对物体做功？是否一定是与运动方向相同的力呢？ 探究性活动 3： 【情境 4】人用斜向上的力拉行李箱在水平面上匀速直线运动时，拉力做功吗？ 【情境 5】人竖直向上提起物体上楼梯，人的拉力在这个过程中做功吗？ 	评价标准： 学生能否从力对物体运动产生影响的角度理解做功，并通过这种方式粗略判断力是否做功。
区分正负功，让学生知道什么是克服某个力做功。	探究性活动 4： 【讨论】情境 1、情境 2 中还有哪些力做功？ 【提问】那么我们怎么给做功下定义？是不是看力是否对物体运动有影响？ 【讲解】这样太抽象，既然功与力和物体移动距离有关，那么我们不如从这个角度观察力和物体移动方向有什么关系。 建立功的概念：如果对物体施加了力，并使物体沿力的方向移动了一段距离，我们就说这个力对物体做了机械功，简称功。 【拓展】克服重力做功（强调某一个力做功）。 【做功的必要因素】归纳做功的两个必要因素。 巩固性学生活动： 【讨论】利用所学知识，判断下列哪种情况中人对箱子做了功。	评价标准： 学生能否利用力和运动的关系解释力是否做功。 评价标准： 学生能否利用力和运动的关系总结出做功的几种

学习任务	学习活动	持续性评价
		情况，即判断沿力的方向上物体移动的距离。
在生活实例中会判断物体是否做功。	【判断】 篮球抛出后，手对篮球做功吗？ 【提升】 实际上，投篮中是哪个过程手对篮球做了功？	评价标准： 学生是否能够快速判断出力是否做功，以及判断的依据是定义还是力对物体运动的影响效果。
知道功的计算公式，并能理解公式的由来，会利用公式计算功的大小。	 问题 3：功的大小为什么是力乘距离？ 探究性活动 5： 【情境讨论】 选手们完成了任务，裁判该怎么评判他们谁的功劳大呢？也就是说我们该怎么用数据表示功的大小？ 【提问】 假设任务 1：1F 的力提升 1s 距离做功 1W（利用楼梯模型做演示），那么任务 4 做功是多少？功的大小怎么计算？ 	评价标准： 学生是否能够得出计算功大小的方式。

续表

学习任务	学习活动	持续性评价
通过对生活中做功实例的体验，体会物理知识的应用，增强对物理知识的学习欲望。	终结性学生活动： 【学生体验 1 J】手拿两个鸡蛋的力大约是 1N，若将两个鸡蛋举高 1 m，人对鸡蛋做功约_____ J。 【学生体验 100 J】体重约为 50 kg 的同学跳上约 20 cm 高的讲台，克服重力做功_____ J。 结合平时我们上下楼梯的活动，感受焦耳是一个很小的单位。 功和热量的单位都是焦耳，科学家焦耳是怎么把热量和功联系在一起的？又是怎么统一了热量和功的单位的呢？这些内容留给我们将来进一步了解。	评价标准： 学生是否能够实际测量出力做功的大小。

板 书 设 计

第 1 节　功

> 1. 做功的两个必要因素：
> （1）作用在物体上的力。（F）
> （2）物体在力的方向上通过的距离。（s）

> 2. 功的计算，功等于力跟物体在力的方向上通过的距离的乘积。
> （1）功的计算式：$W = Fs$
> （2）功的单位：焦耳，1 焦 = 1 牛·米。
> （3）功的大小与作用在物体上的力成正比，跟物体通过的距离成正比。

附　录

附录一

常见名词解释

1. 初中物理深度学习——p. 2

2. 诊断初中物理深度学习教学案例的依据——p. 3

3. 初中物理深度学习教学设计流程——图 2-1，p. 14

4. 基于单元学习主题的教学设计的主要特点——表 2-1，p. 15

5. 单元学习主题——p. 17

6. 单元学习目标——p. 17

7. 单元学习活动——p. 18

8. 基于深度学习的教学路径——图 2-2，p. 20

9. 持续性评价——p. 20

10. 初中物理深度学习的实践模型——图 2-3，p. 22

11. 深度学习单元学习目标的检验——表 2-2，p. 31

12. 初中物理深度学习各类教学方式的简要流程——表 2-3，p. 38

13. 初中物理深度学习实施策略——p. 60

14. 物理学科核心素养

《普通高中物理课程标准（2017 年版）》规定了物理学科核心素养，包括物理观念、科学思维、科学探究、科学态度与责任四个方面，具体含义如下：

名称	含义
物理观念	从物理学视角形成的关于物质、运动与相互作用、能量等的基本认识；是物理概念和规律等在头脑中的提炼与升华；是从物理学视角解释自然现象和解决实际问题的基础。 主要包括物质观念、运动与相互作用观念、能量观念等要素。

续表

名称	含义
科学思维	从物理学视角对客观事物的本质属性、内在规律及相互关系的认识方式；是基于经验事实建构物理模型的抽象概括过程；是分析综合、推理论证等方法在科学领域的具体运用；是基于事实证据和科学推理对不同观点和结论提出质疑和批判，进行检验和修正，进而提出创造性见解的能力与品格。 主要包括模型建构、科学推理、科学论证、质疑创新等要素。
科学探究	指基于观察和实验提出物理问题、形成猜想和假设、设计实验与制订方案、获取和处理信息、基于证据得出结论并作出解释，以及对科学探究过程和结果进行交流、评估、反思的能力。 主要包括问题、证据、解释、交流等要素。
科学态度与责任	指在认识科学本质，认识科学·技术·社会·环境关系的基础上，逐渐形成的探索自然的内在动力，严谨认真、实事求是和持之以恒的科学态度，以及遵守道德规范，保护环境并推动可持续发展的责任感。 主要包括科学本质、科学态度、社会责任等要素。

附 录 二

必 备 工 具

1. 评价单元学习主题的质量

1. 涵盖物理学科核心知识
2. 实现了对教学内容的整合，实现物理知识的结构化
3. 有稳定的认识领域和研究对象
4. 有明确和独立的本源性问题
5. 有真实的客观存在和应用
6. 与其他教学内容专题有实质性联系
7. 有一定的复杂性和综合性
8. 彰显挑战性或者物理思想和核心素养

2. 单元学习目标的检验

要素	内容
一致性	体现物理课程标准和教科书的主要知识，水平符合学生实际情况。
本体性	以具体物理知识为载体，指向学生对物理学科思想和方法的理解。
发展性	指向迁移、应用物理知识和方法解决问题能力的发展。
可测性	目标具体可测查，体现期望学生达到的程度。

3. 单元学习主题活动的检验

要素	内容
一致性	学习活动形式内容与深度学习目标相契合，落实物理学科思想方法与核心素养。
系统性	各个活动间有紧密联系，符合学生认知发展规律和问题解决过程。
挑战性	任务具有挑战性和适切性，能让学生深度参与并获得深刻体验。

续表

要素	内容
实践性	有教师指导的实践性学习活动，学生有更多表达观点的机会，外显其内隐的思维过程。
多样性	单元内使用多种活动形式，考虑学生多种学习倾向和学习风格，尽可能使每个学生各得其所。

4. 持续性评价的检验

要素	内容
一致性	与单元学习目标一致，指向深度理解和思维发展，确定清晰的评价内容和评价标准。
系统性	评价内容、评价标准、评价工具、评价形式之间紧密关联。
过程性	评价和反馈意见贯穿学习活动始终，对学习过程和结果评价，评价反馈的内容具体，明确改进方向和目标，有利于学生的理解。
激励性	采用多主体、多样化评价方式，指向目标达成、活动表现等，评价内容和评价方式激励学生在原有水平上发展。

附录二

学习资源推荐

［1］刘月霞，郭华．深度学习：走向核心素养（理论普及读本）［M］．北京：教育科学出版社，2018.

［2］刘月霞．以深度学习释放课改"红利"［N］．中国教育报，2017-04-05（9）.

［3］郭华．深度学习及其意义［J］．课程·教材·教法，2016（11）：25-32.

［4］李春密．强化实践策略　促成教学改进［N］．中国教育报，2017-05-31（9）.

［5］胡久华，罗滨，陈颖．指向"深度学习"的化学教学实践改进［J］．课程·教材·教法，2017（3）：90-96.

［6］李春密．物理学习能力的结构及评价探析［J］．物理教学探讨，2014（6）：1-3，7.

［7］威金斯，麦克泰格．追求理解的教学设计［M］．2版．闫寒冰，宋雪莲，赖平，译．上海：华东师范大学出版社，2017.

［8］褚宏启，张咏梅，田一．我国学生的核心素养及其培育［J］．中小学管理，2015（9）：4-7.

［9］谢丽，李春密，张焱．基于新教育目标分类学的物理问题分类框架的构建［J］．课程·教材·教法，2015（6）：86-91，127.

［10］余文森．核心素养的教学意义及其培育［J］．今日教育，2016（3）：11-14.

［11］李春密．中学物理教师开展教学研究的思考［J］．物理通报，2016（12）：2-5.

［12］巴克教育研究所．项目学习教师指南：21世纪的中学教学法

[M]. 2 版. 任伟, 译. 北京: 教育科学出版社, 2008.

[13] 俞晓明, 李春密. 教师提问策略与实施建议探析: 以 "物理探究性实验设计" 课程教学为例 [J]. 物理教师, 2015 (12): 2-7.

[14] 郭玉英, 姚建欣. 基于核心素养学习进阶的科学教学设计 [J]. 课程·教材·教法, 2016 (11): 64-70.

[15] 陈佳洱. 物理学与中国文化 [N]. 科学时报, 2005-04-18 (3).

附录四

初中物理单元学习主题思维导图

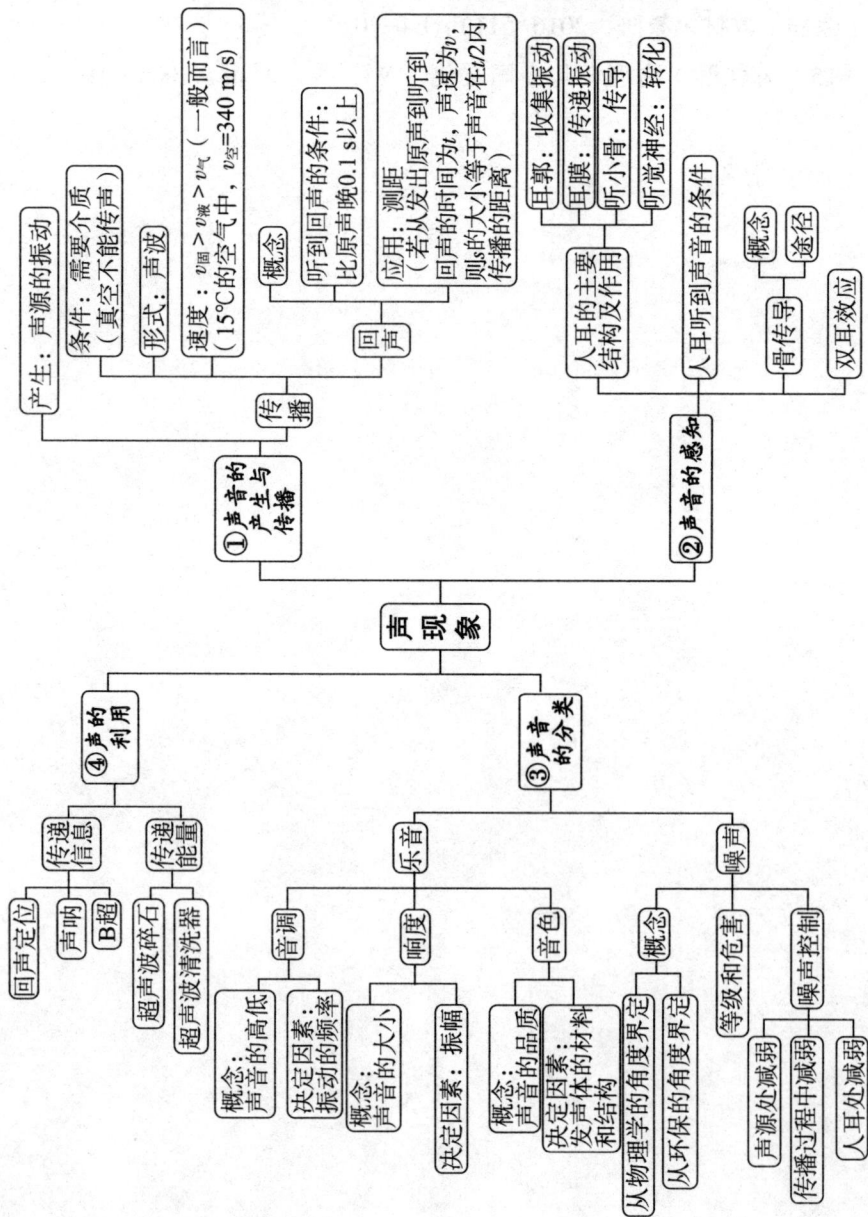

声现象

① 声音的产生与传播
- 产生：声源的振动
- 传播
  - 条件：需要介质（真空不能传声）
  - 形式：声波
  - 速度：$v_固 > v_液 > v_气$（一般而言）（15℃的空气中，$v_空 = 340$ m/s）
  - 回声
    - 概念
    - 听到回声的条件：比原声晚0.1 s以上
    - 应用：测距（若从发出原声到听到回声时间为t，声速为v，则人的大小等于声音在$t/2$内传播的距离）

② 声音的感知
- 人耳的主要结构及作用
  - 耳郭：收集振动
  - 耳膜：传递振动
  - 听小骨：传导
  - 听觉神经：转化
- 人耳听到声音的条件
- 骨传导
  - 概念
  - 途径
- 双耳效应

③ 声音的分类
- 乐音
  - 音调
    - 概念：声音的高低
    - 决定因素：振动的频率
  - 响度
    - 概念：声音的大小
    - 决定因素：振幅
  - 音色
    - 概念：声音的品质
    - 决定因素：发声体本身的材料和结构
- 噪声
  - 概念
    - 从物理学的角度界定
    - 从环保的角度界定
  - 等级和危害
  - 噪声控制
    - 声源处减弱
    - 传播过程中减弱
    - 人耳处减弱

④ 声的利用
- 传递信息
  - 回声定位
  - 声呐
  - B超
- 传递能量
  - 超声波碎石
  - 超声波清洗器

光现象

① 光的直线传播
- 光源
  - 概念
  - 分类
- 条件：同种均匀介质
- 光速：$c = 3 \times 10^8 \, \text{m/s}$（真空中）
- 现象
  - 小孔成像
  - 日食、月食的形成
  - 影子的形成
- 应用
  - 激光准直
  - 射击瞄准中的"三点一线"

④ 看不见的光
- 红外线
  - 特点
  - 应用
- 紫外线
  - 特点
  - 应用

② 光的反射
- 概念
- 定律
- 类型
  - 镜面反射
  - 漫反射
- 平面镜成像
  - 特点
  - 应用

③ 光的折射
- 规律
- 现象
  - 实例
  - 解释
- 光的色散
  - 概念
  - 光的三原色
  - 物体的颜色
  - 颜料的混合色

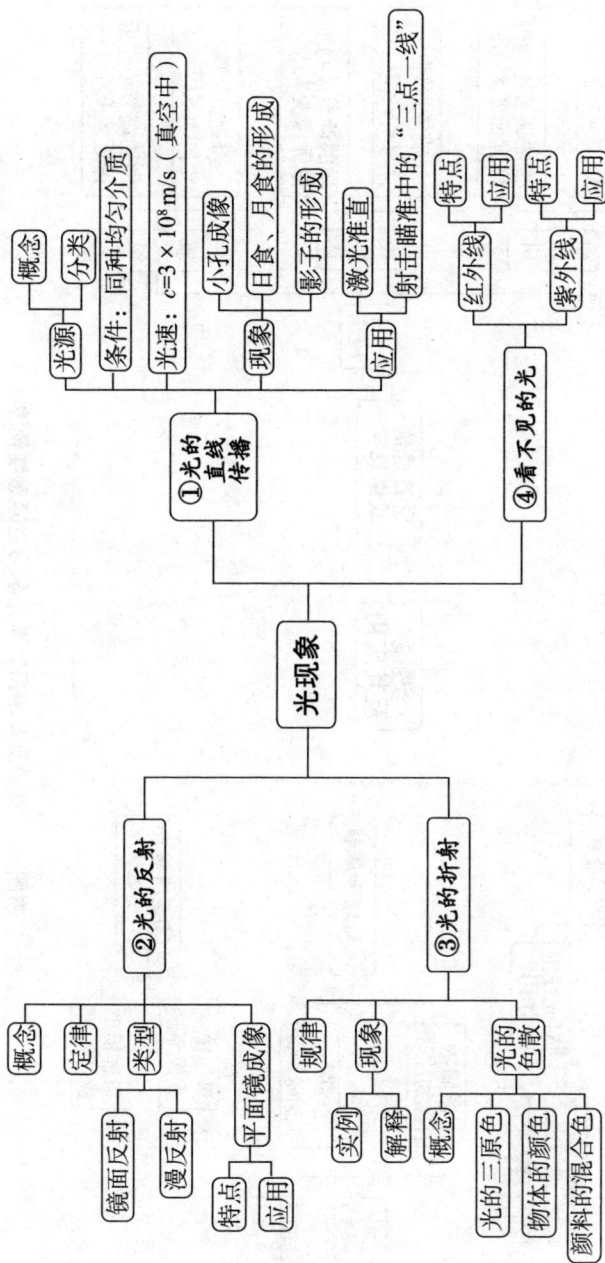

附图2　"光现象"单元学习主题思维导图

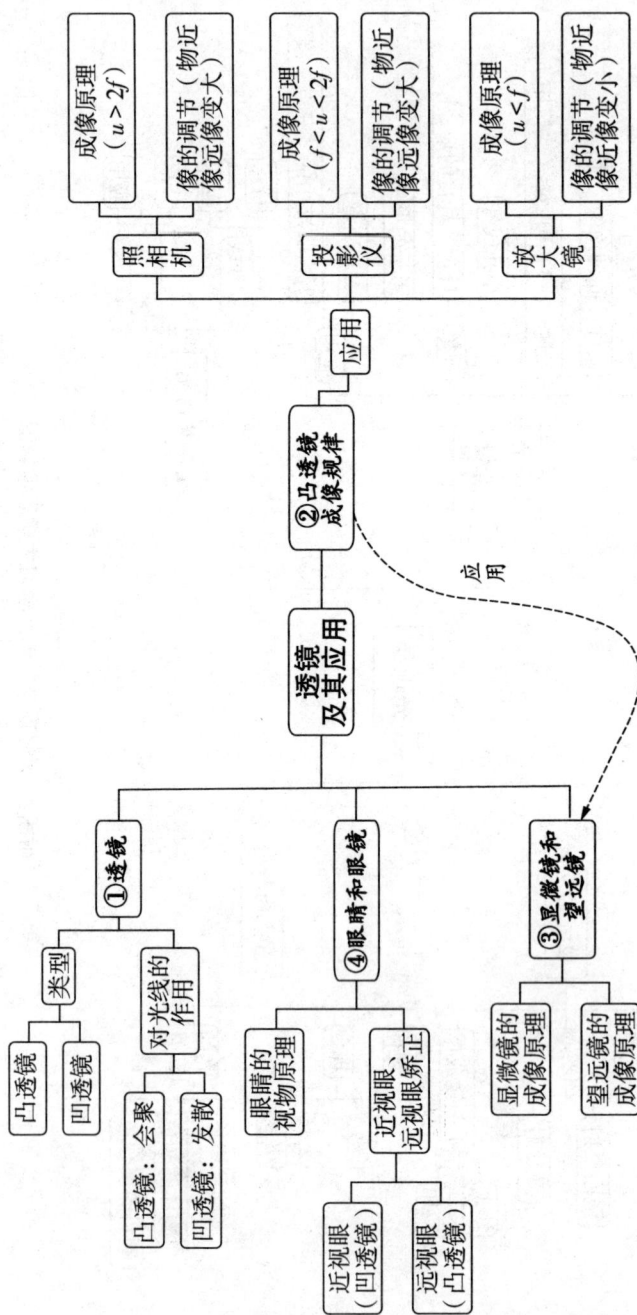

附图3 "透镜及其应用"单元学习主题思维导图

透镜及其应用

②凸透镜成像规律

应用

照相机
- 成像原理（$u > 2f$）
- 像的调节（物近像远像变大）

投影仪
- 成像原理（$f < u < 2f$）
- 像的调节（物近像远像变大）

放大镜
- 成像原理（$u < f$）
- 像的调节（物近像近像变小）

①透镜
- 类型
  - 凸透镜
  - 凹透镜
- 对光线的作用
  - 凸透镜：会聚
  - 凹透镜：发散

④眼睛和眼镜
- 眼睛的视物原理
- 近视眼、远视眼矫正
  - 近视眼（凹透镜）
  - 远视眼（凸透镜）

③显微镜和望远镜（应用）
- 显微镜的成像原理
- 望远镜的成像原理

物态变化

①温度
- 概念
- 摄氏温度：单位为摄氏度（℃）
- 测量：温度计
  - 分类
    - 实验用温度计
    - 寒暑表
    - 体温计
  - 使用方法
  - 区别（体温计有缩口）

②熔化与凝固
- 熔化
  - 熔化的特点
  - 熔化图线
  - 吸热
  - 晶体
  - 非晶体
- 凝固
  - 凝固的特点
  - 凝固图线
  - 放热

④升华与凝华
- 升华
  - 物态变化特点
  - 吸热
  - 举例：干冰、碘升华
- 凝华
  - 物态变化特点
  - 放热
  - 举例：霜、冰花、雾淞的形成

③汽化与液化
- 汽化
  - 方式
    - 蒸发
    - 沸腾
  - 吸热
- 液化
  - 方式
    - 降低温度
    - 压缩体积
  - 放热
  - 举例：露、雾、"白气"的形成

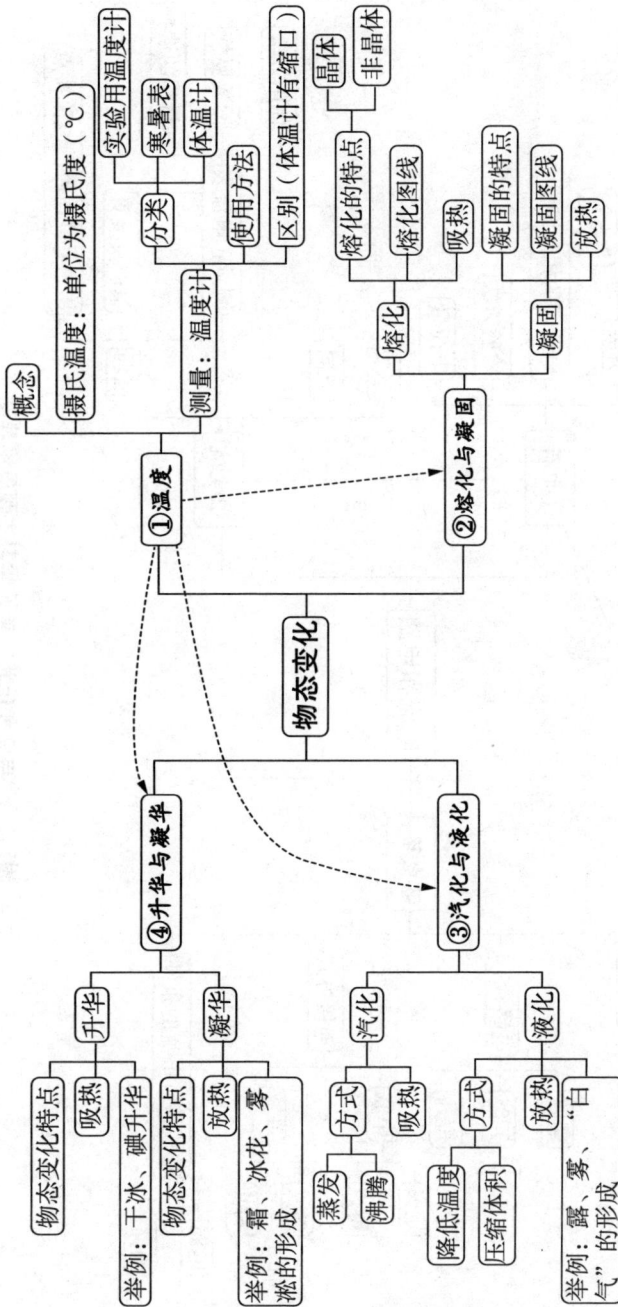

附图4　"物态变化"单元学习主题思维导图

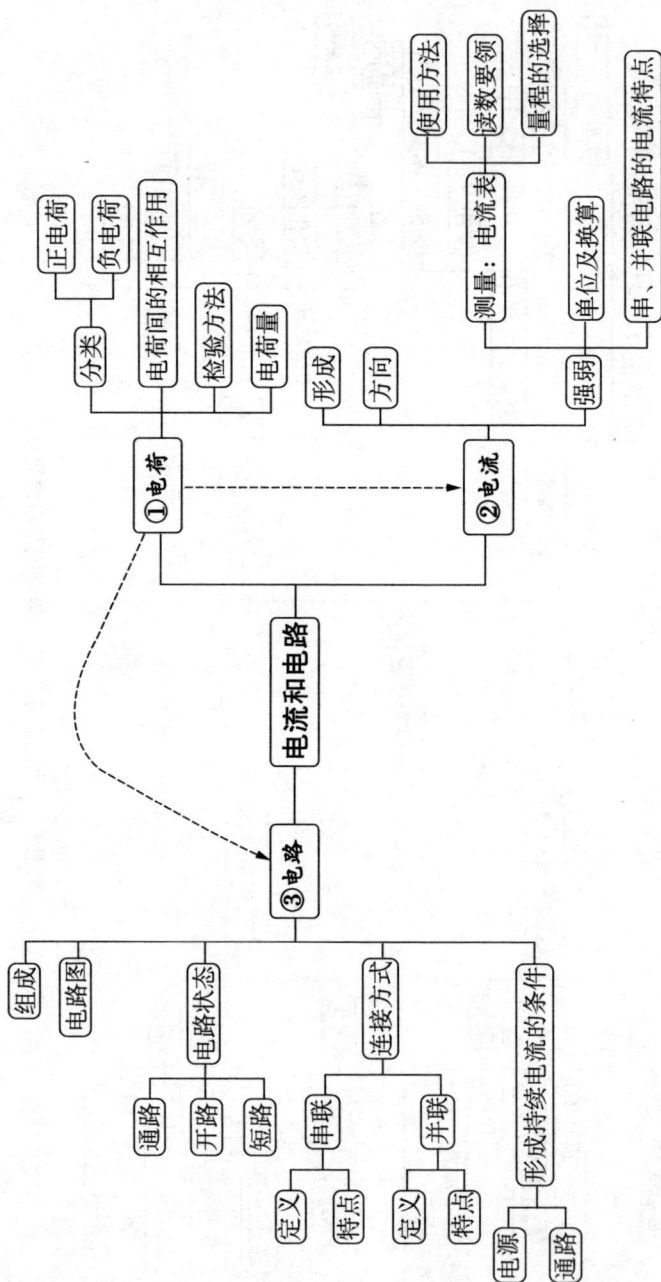

附图5　"电流和电路"单元学习主题思维导图

电压和电阻

① 电压
- 概念
- 单位
- 提供电压的装置：电源
- 测量工具：电压表
  - 使用规则
  - 读数规则
  - 量程选择
- 电路电压的特点
  - 串联：$U=U_1+U_2$
  - 并联：$U=U_1=U_2$

② 电阻
- 概念
- 单位
- 影响因素
  - 材料
  - 长度
  - 横截面积
  - 温度（外因）
- 分类
  - 定值电阻
  - 滑动变阻器
    - 原理
    - 电路符号
    - 连接方法
    - 应用：电位器

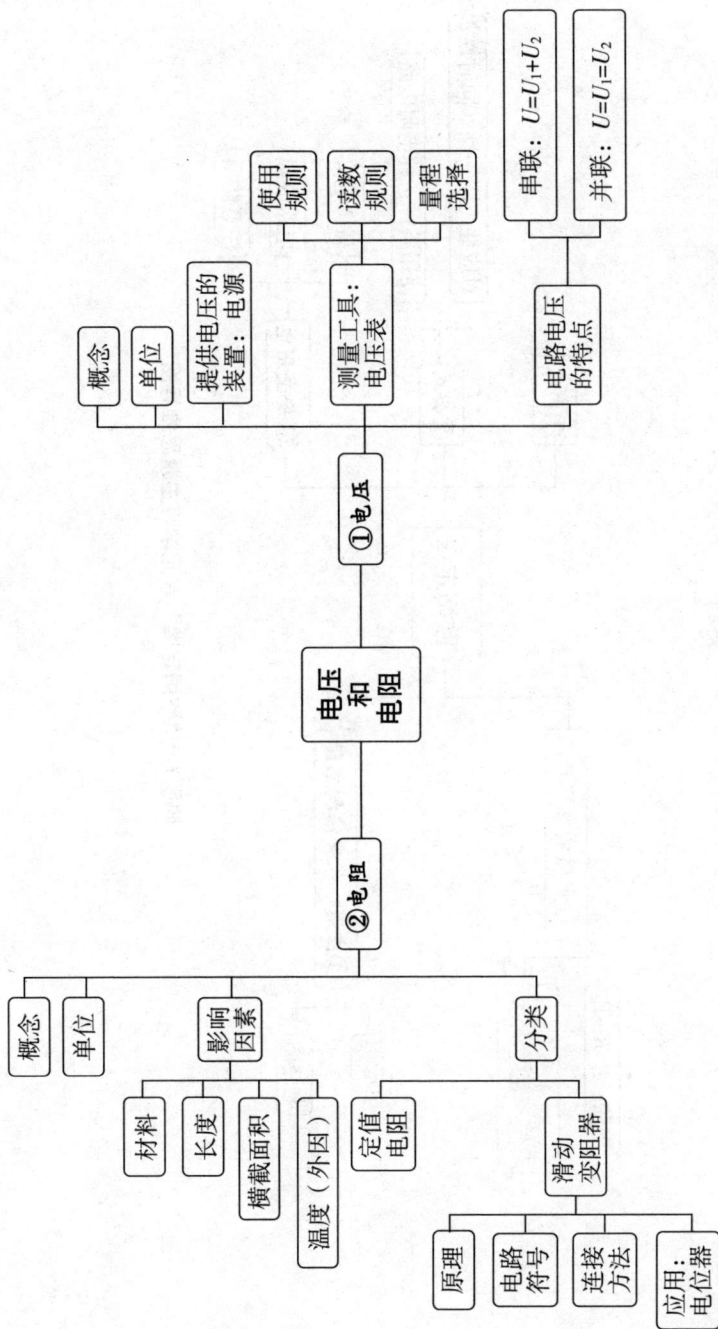

附图6 "电压和电阻"单元学习主题思维导图

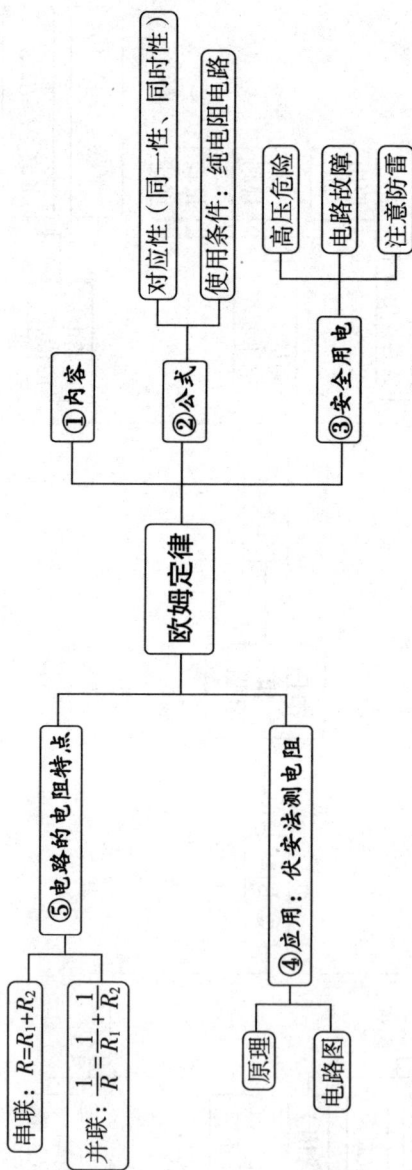

附图7 "欧姆定律"单元学习主题思维导图

电流做功的过程就是电能转化为其他形式能量的过程

1 kW·h=3.6×10⁶ J

J

kW·h

电能表

公式

电功和电能的关系

单位

测量：

电功

①电能

电能与电功率

$U_实=U_额，P_实=P_额$

$U_实>U_额，P_实>P_额$

$U_实<U_额，P_实<P_额$

②电功率

概念

意义

单位

公式

分类

测量

kW

W

定义式：$P=\dfrac{W}{t}$

实质式：$P=UI$

额定功率

实际功率

伏安法

电能表和停表

原理

电路图

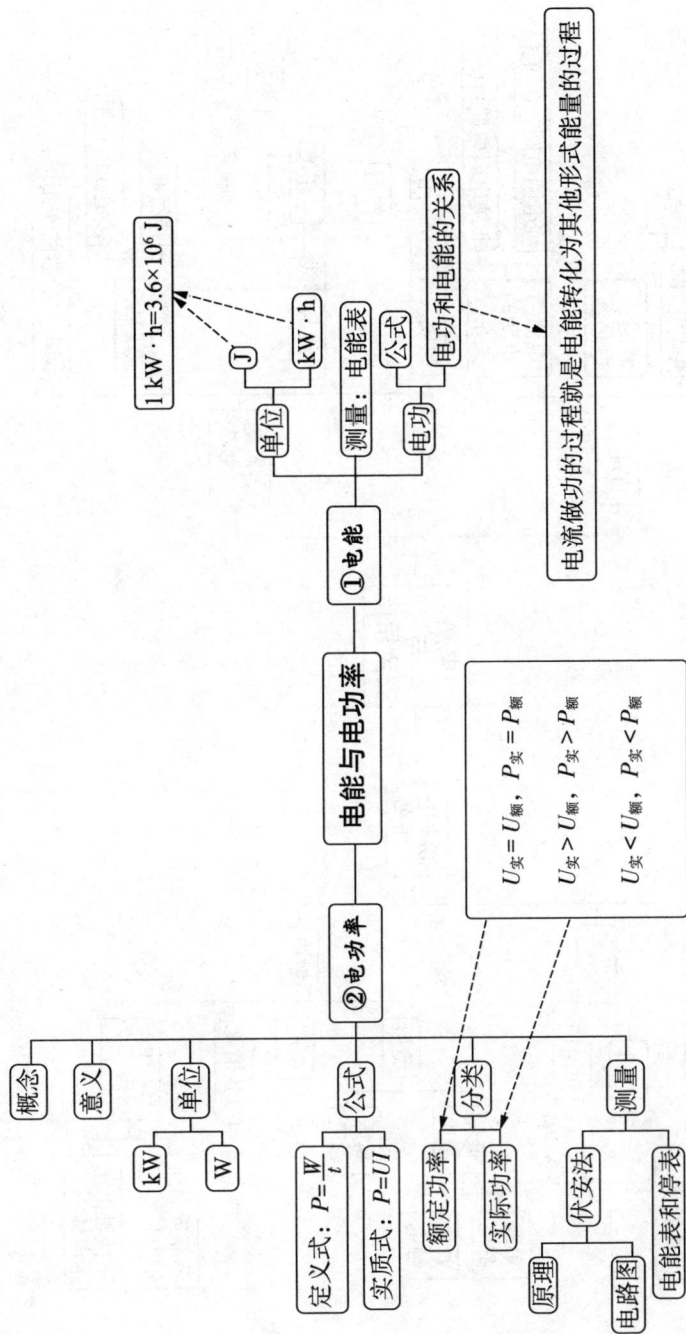

附图8　"电能与电功率"单元学习主题思维导图

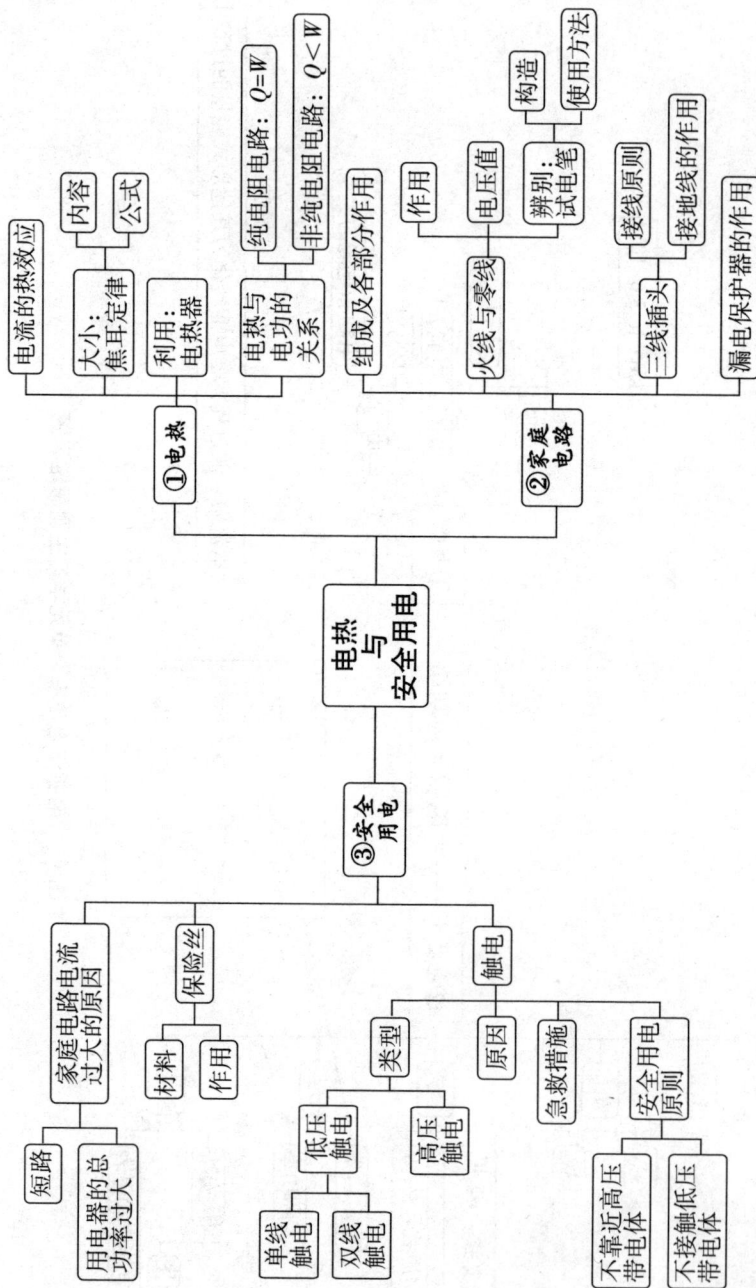

附图9 "电热与安全用电"单元学习主题思维导图

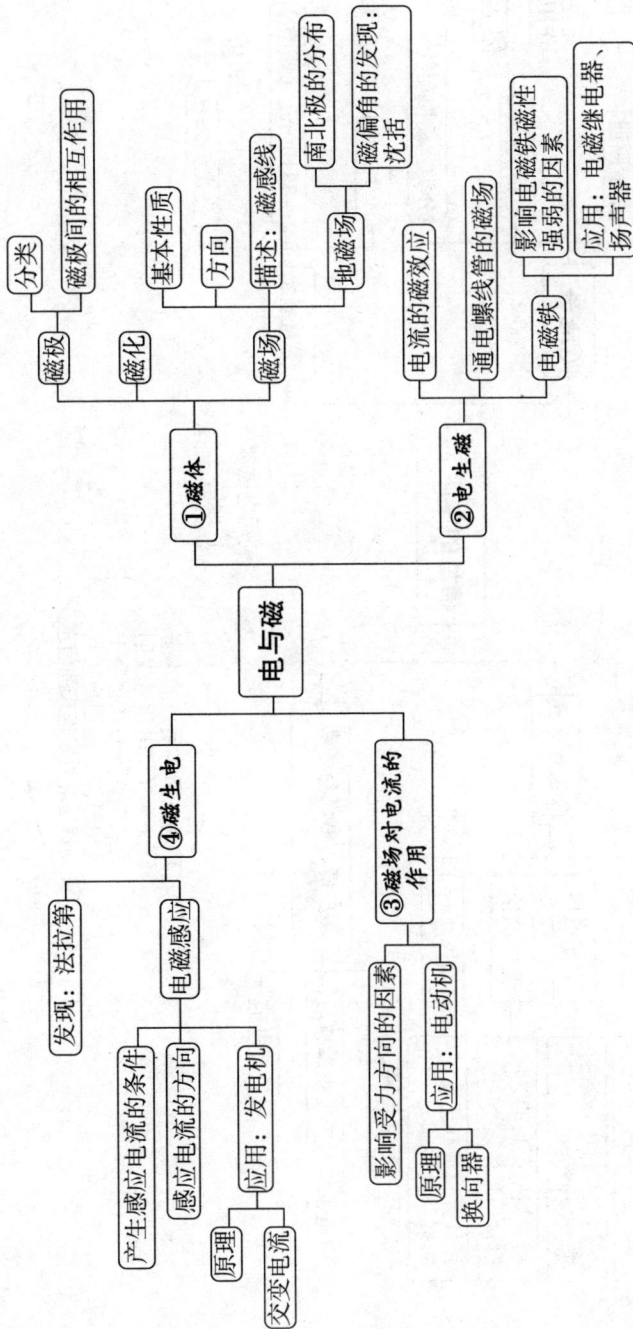

附图10　"电与磁"单元学习主题思维导图

信息的传递

①电话
- 组成：话筒和听筒
- 基本原理
- 电话交换机
  - 作用
  - 优点

②电磁波
- 分类：模拟和数字
- 产生条件
- $c=3\times10^8$ m/s（真空）
- 公式：$c=\lambda f$

④通信方式
- 微波通信
  - 传播路径近似直线，不能沿地球表面传播，每隔大约50 km建设一个微波中继站
- 卫星通信
  - 利用卫星做中继站的微波通信方式
- 光纤通信
  - 利用频率更高的光波进行信息传递
- 网络通信
  - 把计算机连在一起，实现信息共享

③广播、电视和移动通信
- 广播信号的发射和接收
- 电视信号的发射和接收
- 移动电话

利用电磁波传递信号

移动电话将用户的声音转变为高频电信号发射到空中，同时捕捉空中的电磁波，使用户接收到通话对方发送来的信息

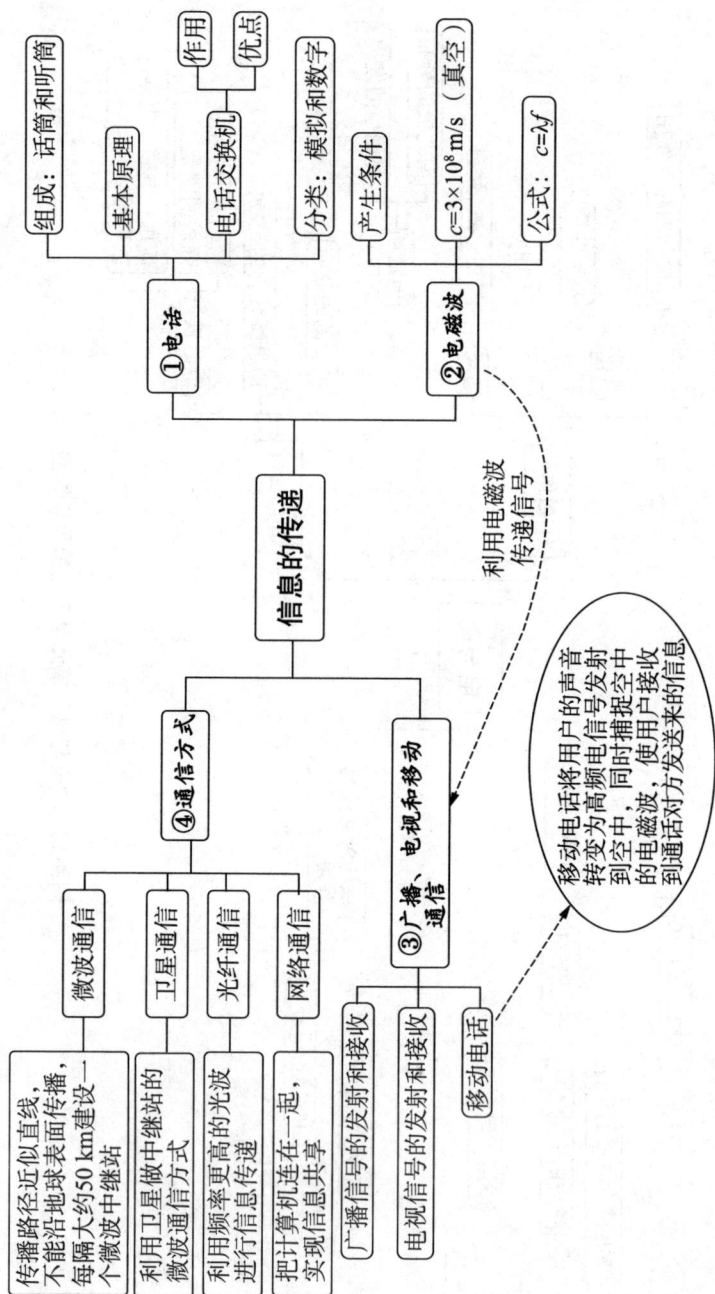

附图11 "信息的传递"单元学习主题思维导图

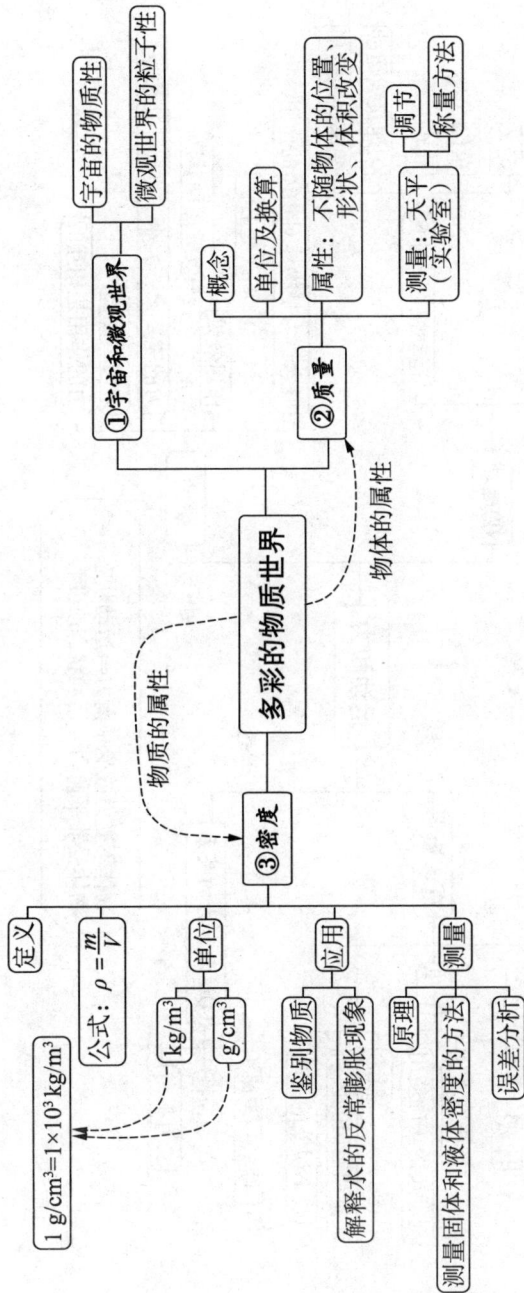

附图12 "多彩的物质世界"单元学习主题思维导图

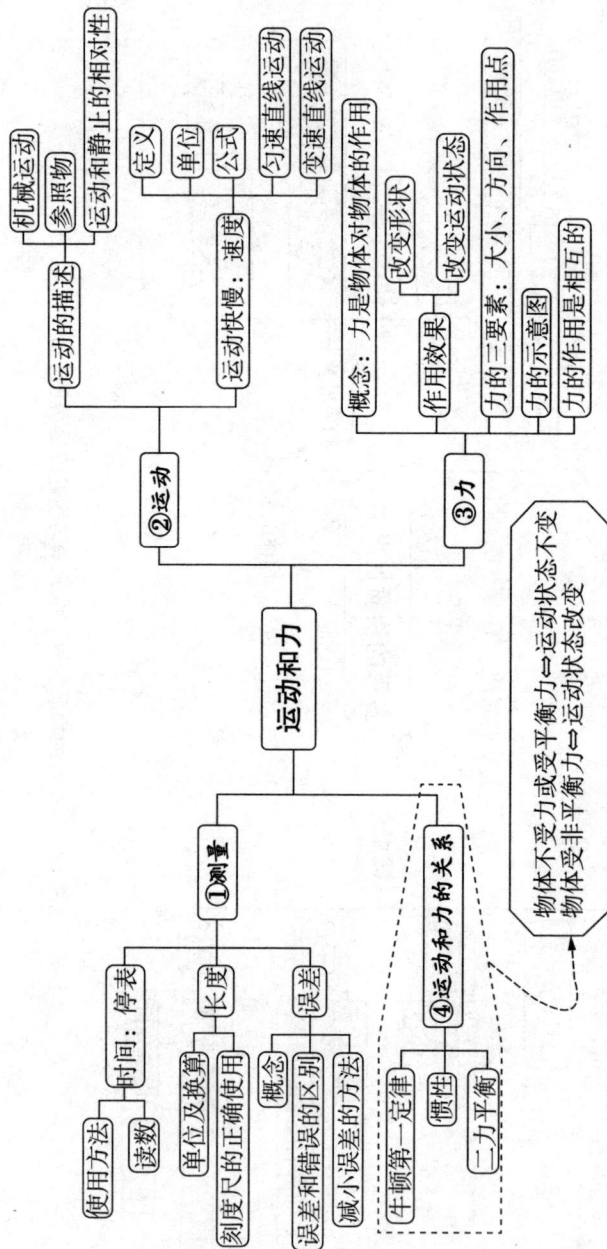

附图13　"运动和力"单元学习主题思维导图

常见的力

① 重力
- 方向：竖直向下
- 作用点：重心
- 大小：$G=mg$
- 重力的施力物体是地球

② 弹力
- 概念
  - 物体间相互接触
  - 物体发生弹性形变
- 产生条件
- 弹簧测力计
  - 制作原理
  - 用途：测力的大小
- 大小：用二力平衡的方法求解

③ 摩擦力
- 概念
- 种类
  - 方向：与物体相对运动的方向（或相对运动的趋势）相反
  - 静摩擦力
  - 滑动摩擦力
- 摩擦力的大小：用二力平衡的方法求解
- 增大或减小摩擦的方法
- 影响滑动摩擦力大小的因素：（1）压力；（2）接触面的粗糙程度

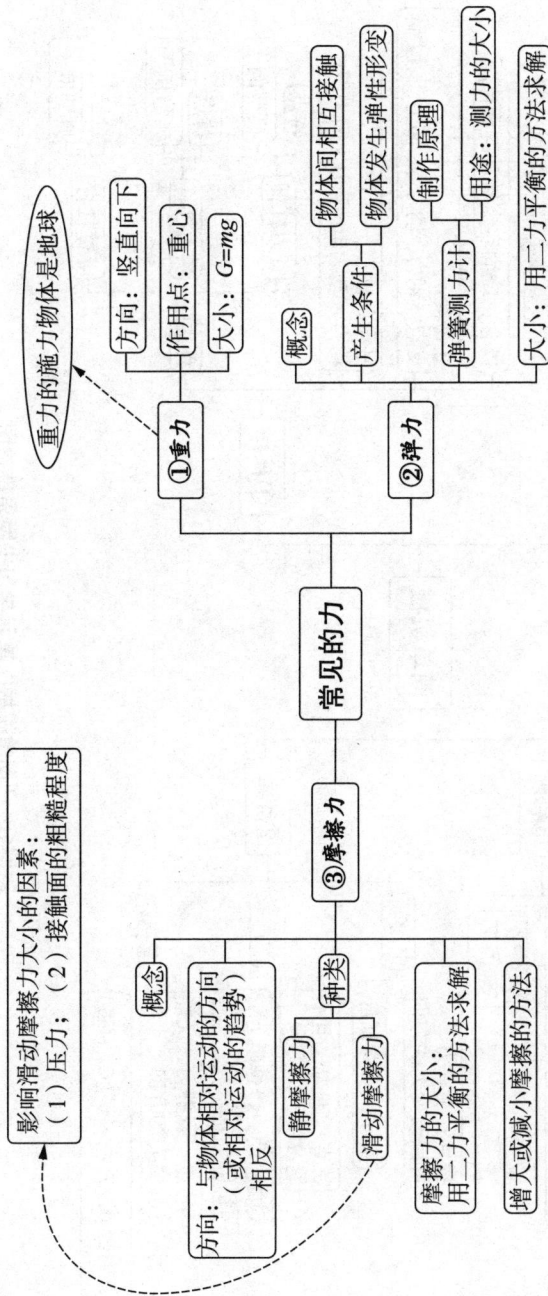

附图14　"常见的力"单元学习主题思维导图

简单机械

④斜面
- 斜面高度相同时，斜面越长越省力
- $\dfrac{F}{G} = \dfrac{h}{l}$

①杠杆
- 概念：绕固定点转动的硬棒
- 五要素：支点、动力、动力臂、阻力、阻力臂
- 平衡条件：动力×动力臂=阻力×阻力臂
- 种类
  - 省力杠杆
    - 特点
    - 典型例子
  - 费力杠杆
    - 特点
    - 典型例子
  - 等臂杠杆
    - 特点
    - 典型例子

③轮轴
- 实质：可以连续旋转的杠杆，轮半径比轴半径越大，越省力
- $\dfrac{F_2}{F_1} = \dfrac{R}{r}$

②滑轮
- 定滑轮
  - 特点：不省力，可以改变力的方向
  - 实质：等臂杠杆
- 动滑轮
  - 特点：省力，但不能改变力的方向
  - 实质：动力臂是阻力臂两倍的杠杆
- 滑轮组
  - 特点：既省力，又能改变力的方向
  - 省力公式：$F_{拉} = \dfrac{1}{n}(G_{物} + G_{动})$

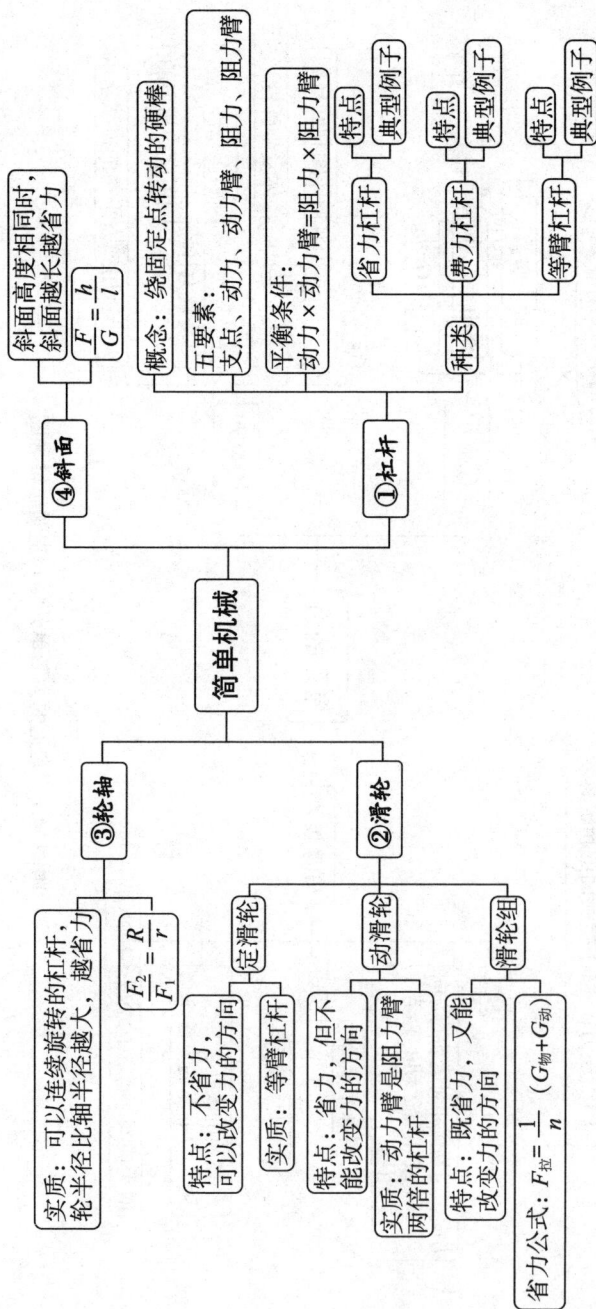

附图15 "简单机械"单元学习主题思维导图

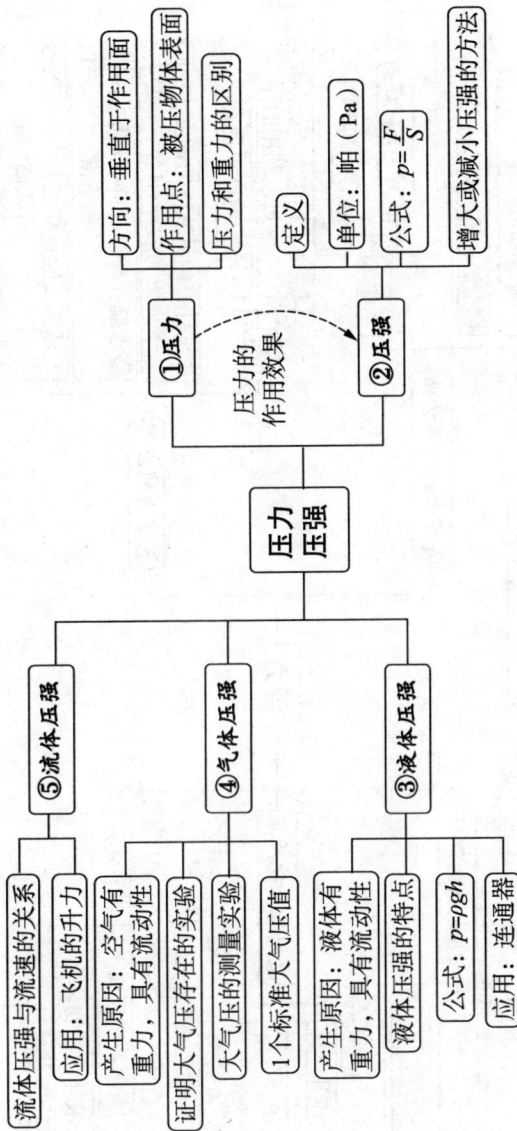

附图16 "压力 压强"单元学习主题思维导图

```
                  压力
                  压强
        ┌──────────┴──────────┐
      ①压力                  ②压强
        │      压力的          │
        │    作用效果         │
   ┌────┼────┐          ┌─────┼─────┐
方向:垂直于作用面  定义
作用点:被压物体表面  单位:帕(Pa)
压力和重力的区别   公式:p=F/S
                 增大或减小压强的方法

        ┌──────────┼──────────┐
    ⑤流体压强   ④气体压强   ③液体压强

⑤流体压强:
流体压强与流速的关系
应用:飞机的升力

④气体压强:
产生原因:空气有重力,具有流动性
证明大气压存在的实验
大气压的测量实验
1个标准大气压值

③液体压强:
产生原因:液体有重力,具有流动性
液体压强的特点
公式:p=ρgh
应用:连通器
```

浮力

①浮力
- 概念
  - 方向：竖直向上
  - 产生原因：浸在液体中的物体上，下表面受到的液体压力差

②阿基米德原理
- 内容：液体和气体
- 公式：$F_浮=G_排液$
- 推导式：$F_浮=\rho_液 gV_排液$
- 大小

③物体的浮沉
- $F_浮>G_物$，上浮
- $F_浮=G_物$，悬浮
- $F_浮<G_物$，下沉

对于实心均质物体，上浮，静止时漂浮，下沉，静止时沉底，悬浮
$\rho_物<\rho_液$，上浮，静止时漂浮
$\rho_物>\rho_液$，下沉，静止时沉底
$\rho_物=\rho_液$，悬浮

上浮的最终结果是漂浮，此时 $F_浮=G_物$

④浮力的计算方法
- 阿基米德原理：$F_浮=G_排液$ $=m_排液g=\rho_液gV_排液$
- 称重法：$F_浮=G-G_视$
- 平衡法
  - 漂浮：$F_浮=G_物$
  - 悬浮：$F_浮=G_物$

⑤浮力的应用
- 轮船：用挖空心的办法增大可以利用的浮力；大小：用排水量表示
- 密度计：测量液体的密度。原理——上小下大（刻度）
- 潜水艇：靠改变自身重量实现上浮和下潜
- 气球和飞艇：都是利用空气的浮力升入高空的（小密度的热空气、氢气、氦气）

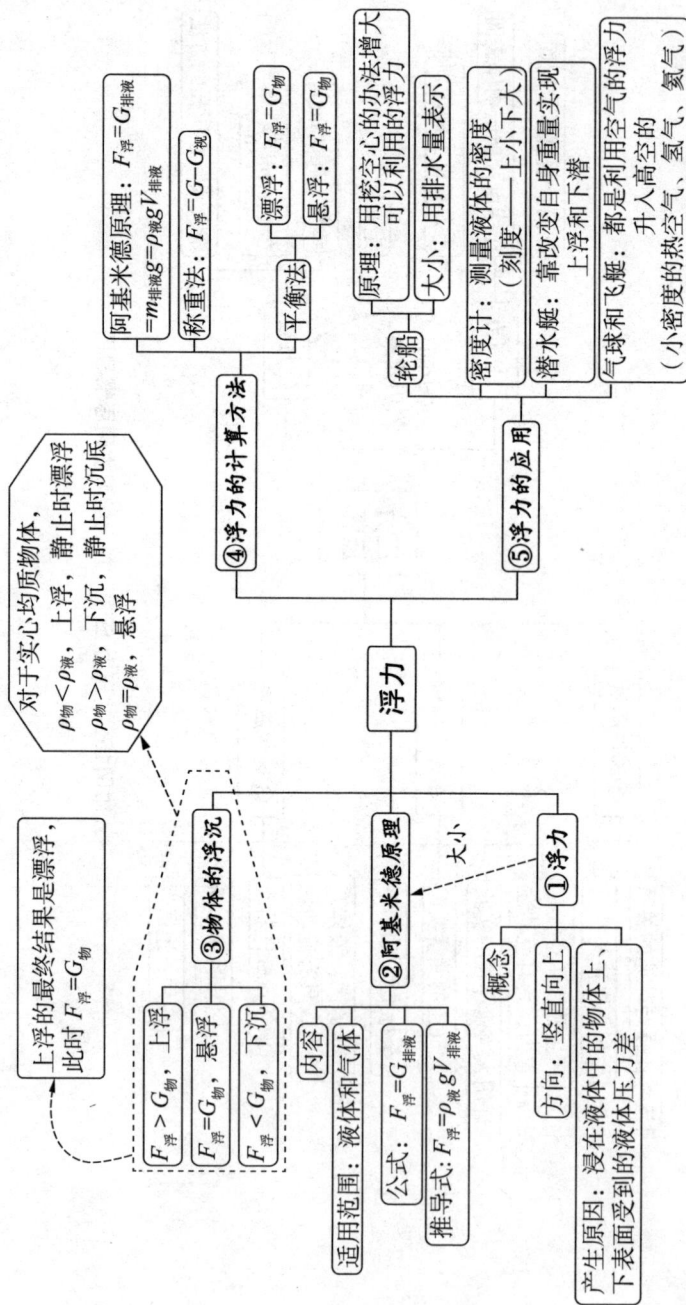

附图17 "浮力"单元学习主题思维导图

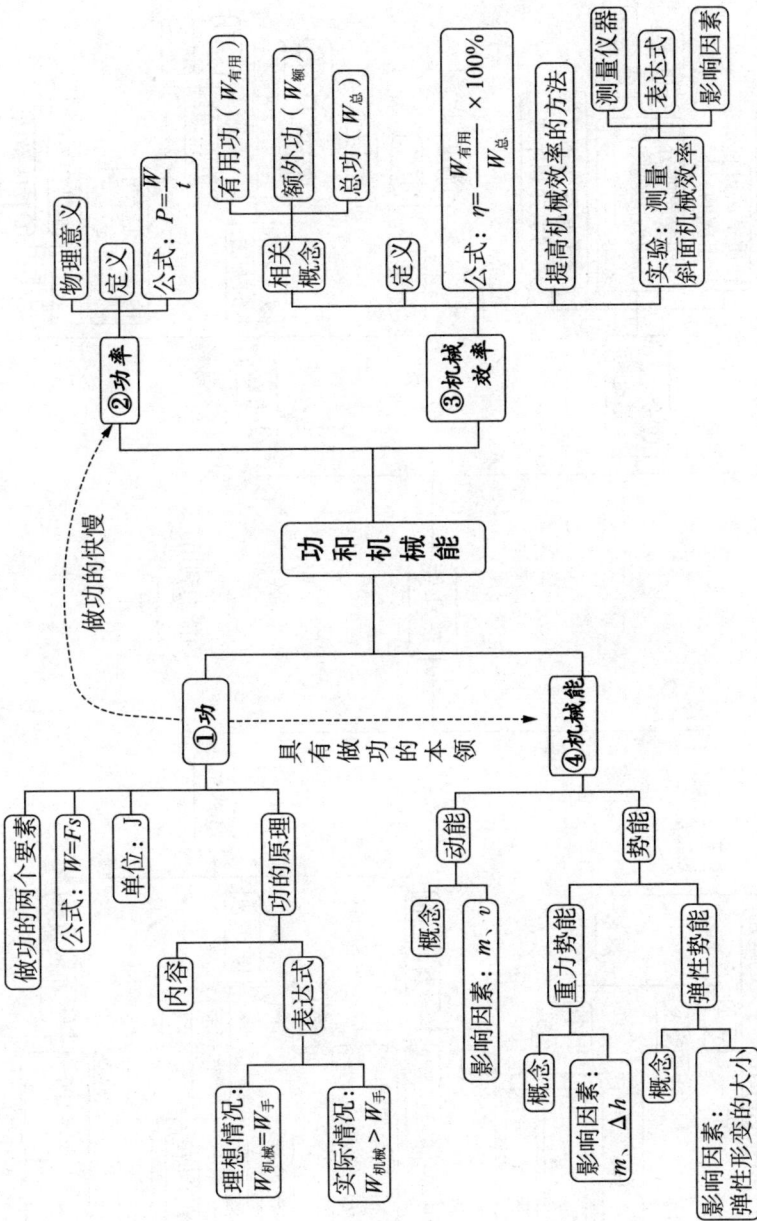

附图18 "功和机械能"单元学习主题思维导图

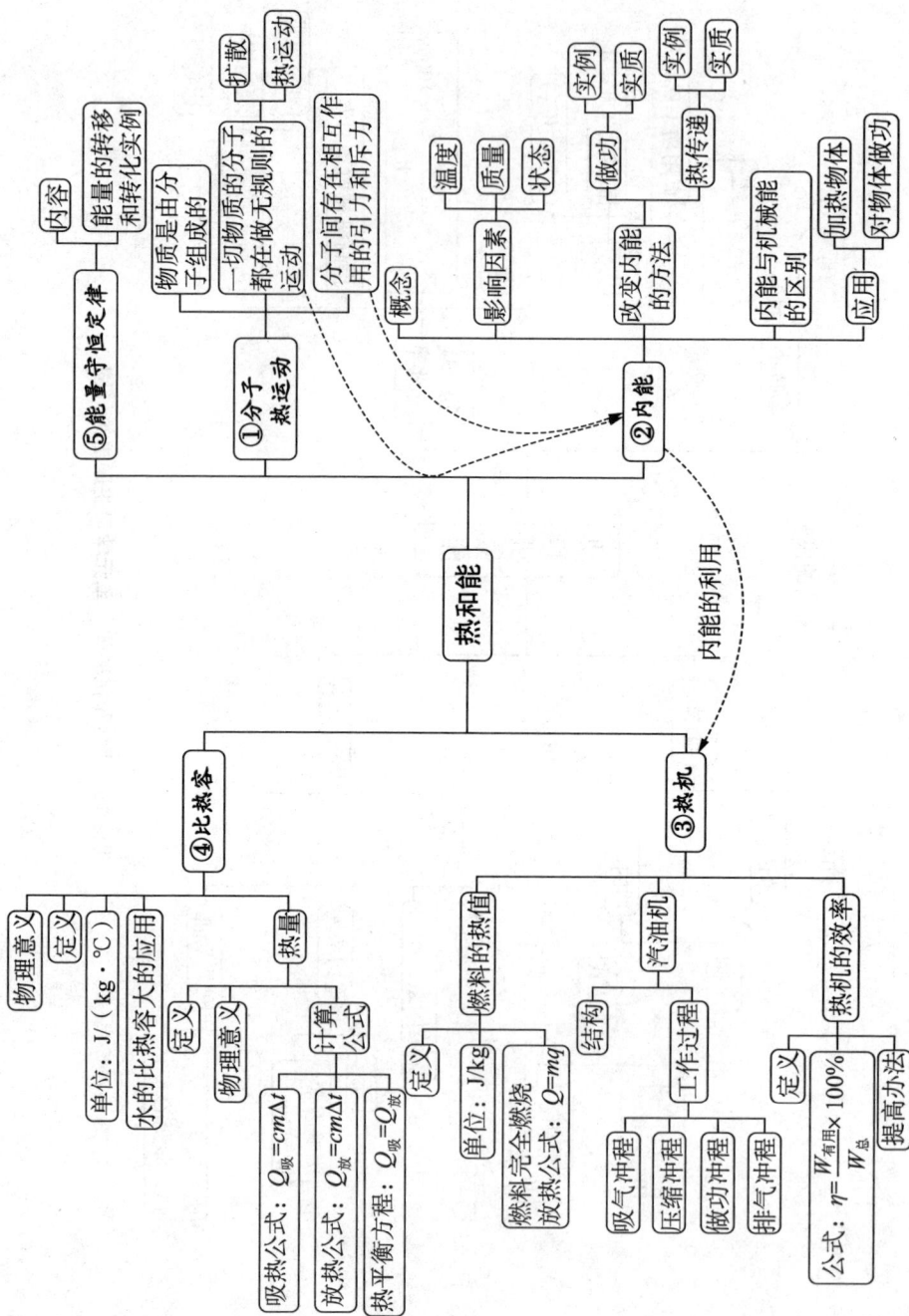

附图19　"热和能"单元学习主题思维导图

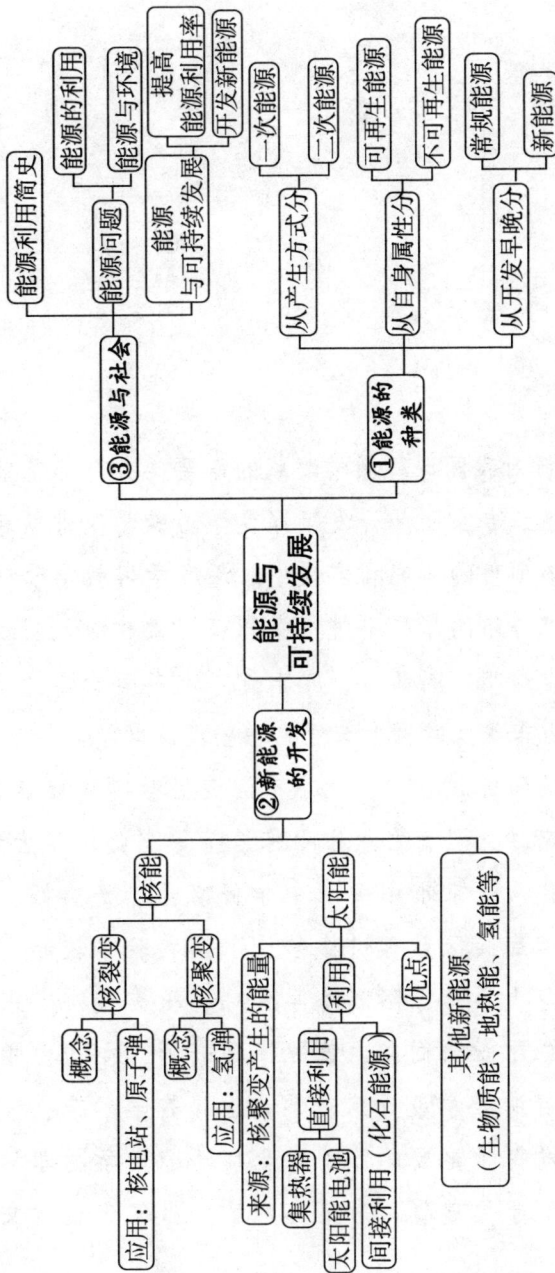

附图20　"能源与可持续发展"单元学习主题思维导图

后 记

  2014 年，针对我国课程教学改革的需要，教育部基础教育课程教材发展中心组织专家团队开发了深度学习教学改进项目，我们非常荣幸参与到该项目的研究和实践中。深度学习教学改进项目初中物理学科组在综合组的指导下进行了积极探索和深入实践，北京市海淀区、河南省郑州市高新区、广东省广州市南沙区、重庆市南川区、山东省临沂市等实验区参与了初中物理深度学习教学改进项目。

  在该项目的研究过程中，北京市海淀区教师进修学校马朝华、广东省广州市南沙区教育发展中心陈浩荣等老师做了大量的策划、研究和组织工作。北京市中关村中学任晓燕、杨雪娇、李春、王亚宁等，北京市海淀区教师进修学校附属实验学校赵志永、任国清等，北京师范大学第三附属中学黄玮、王秀娟，广东省广州市南沙区榄核第二中学潘向阳、黄健锋等老师，在初中物理深度学习教学改进项目的教学设计、教学改进、教学示范、教学观摩等环节的研究中发挥了重要的作用，北京师范大学物理学系研究生李劲磊（现就职于福建省龙岩第一中学）做了大量的文献查阅和资料收集工作。

  《深度学习：走向核心素养（学科教学指南·初中物理）》的出版是集体智慧的结晶。本书由北京师范大学李春密教授担任主编，负责全书的编写和整理工作，并执笔撰写了第一章、第二章、第三章和附录。北京市海淀区教师进修学校马朝华老师担任本书的副主编，对第四章进行了修改和完善，并对全书的框架提出了改进建议。北京市中关村中学任晓燕老师撰写并实践了"'探寻光的轨迹'——光现象"教学案例，北京市中关村中学李春老师撰写并实践了"'力，你真的熟悉吗?'——力"教学案例，北京市中关村中学杨雪娇老师撰写并实践了"'劳苦，一定功高吗?'——功和功率"教学案例。

感谢教育部基础教育课程教材发展中心对本项目研究的科学设计、具体指导和精心组织，感谢田慧生主任、刘月霞副主任、莫景祺副主任等对物理学科深度学习的关注和支持，感谢刘莹老师为物理学科深度学习教学改进项目研究所做的大量细致的组织协调工作。感谢上海市教育委员会教学研究室汤清修老师对本书的初稿提出的很多建设性的建议。感谢课程与教学论、物理教育相关专家和资深中学物理教师对此书的编写和修改提出的积极、中肯的建议。感谢各实验区的积极配合和实验区中学教师们的教学实践。感谢教育科学出版社对本书的出版给予的大力支持。

指向深度学习的物理教学是每个物理教师的教学追求，是促进物理学科核心素养落地的重要途径。本书是深度学习教学改进项目初中物理学科组四年理论研究和实践研究的阶段性成果，希望为初中物理学科深度学习的理论研究和实践探索提供参考。

由于编者水平有限，书中难免有不妥之处，期望广大教师在应用和实践的过程中提出宝贵建议。

深度学习教学改进项目初中物理学科组

2019 年 11 月

出版人　李　东

策划编辑　刘　灿　池春燕

责任编辑　殷　欢

版式设计　宗沅书装　孙欢欢

责任校对　马明辉

责任印制　叶小峰

图书在版编目（CIP）数据

深度学习：走向核心素养．学科教学指南．初中物
理／李春密主编；教育部基础教育课程教材发展中心，
课程教材研究所组织编写．—北京：教育科学出版社，
2020.6（2024.3 重印）
（深度学习教学改进丛书／田慧生主编）
ISBN 978-7-5191-2167-9

Ⅰ．①深…　Ⅱ．①李…　②教…　③课…　Ⅲ．①中学物
理课—教学研究—初中　Ⅳ．①G633

中国版本图书馆 CIP 数据核字（2020）第 020863 号

深度学习教学改进丛书
深度学习：走向核心素养（学科教学指南·初中物理）
SHENDU XUEXI：ZOUXIANG HEXIN SUYANG（XUEKE JIAOXUE ZHINAN· CHUZHONG WULI）

出 版 发 行	教育科学出版社			
社　　　址	北京·朝阳区安慧北里安园甲 9 号	邮　　编	100101	
总编室电话	010-64981290	编辑部电话	010-64981269	
出版部电话	010-64989487	市场部电话	010-64989009	
传　　　真	010-64891796	网　　址	http://www.esph.com.cn	
经　　　销	各地新华书店			
制　　　作	北京金奥都图文制作中心			
印　　　刷	保定市中画美凯印刷有限公司			
开　　　本	720 毫米×1020 毫米　1/16	版　　次	2020 年 6 月第 1 版	
印　　　张	9.75	印　　次	2024 年 3 月第 7 次印刷	
字　　　数	108 千	定　　价	30.00 元	

图书出现印装质量问题，本社负责调换。